Die verborgenen Chancen der Angst
Wie du Freundschaft mit der Angst schließt und dadurch frei sein wirst

Yvonne George

Illustriert von
Anna-Charlotte Lörzer

Yvonne George · Anna-Charlotte Lörzer

Die verborgenen Chancen der Angst

Wie du Freundschaft mit der Angst schließt und dadurch frei sein wirst

Inhaltsverzeichnis

Ein Vorwort von Charles Eisenstein

„Was kann uns als Einzelpersonen und als Gesellschaft leiten, wenn wir durch einen Irrgarten voller Verzweigungen gehen? An jeder Abzweigung können wir uns bewusst machen, welchen Weg wir gehen: Angst oder Liebe, Selbstverteidigung oder Selbstlosigkeit. Möchten wir in Angst leben und eine darauf basierende Gesellschaft aufbauen? Wollen wir leben, um zu überleben? Wollen wir uns in Krisenzeiten bewaffnen um zu kämpfen? Es geht hier nicht um Fragen von Alles oder Nichts, um Angst oder Liebe. Es geht vielmehr um die Möglichkeit, den nächsten Schritt in Richtung Liebe zu tun. Das ist zwar gewagt, aber nicht leichtsinnig. Die Liebe achtet das Leben, während sie den Tod akzeptiert. Und sie vertraut darauf, dass mit jedem Schritt der nächste Schritt sichtbar wird.

Bitte glauben Sie nicht, dass die Entscheidung für die Liebe über die Angst allein durch einen Willensakt erreicht und die Angst wie ein Virus besiegt werden kann. Das Virus, mit dem wir es zu tun haben, ist die Angst und es entsteht unter bestimmten Bedingungen. Angst gedeiht zusammen mit Sucht, Depressionen und einer Vielzahl körperlicher Leiden in einem Umfeld von Trennung und Trauma: ererbtes Trauma, Kindheitstrauma, Gewalt, Krieg, Missbrauch, Vernachlässigung, Scham, Bestrafung, Armut und das verdeckte, normalisierte Trauma, von dem fast jeder betroffen ist, der in einer monetarisierten Wirtschaft lebt, eine moderne Schulbildung durchläuft oder ohne Gemeinschaft oder Verbundenheit zu einem Ort lebt.

Dieses Umfeld kann verändert werden: durch Traumaheilung auf persönlicher Ebene, durch einen Systemwandel hin zu einer mitfühlenderen Gesellschaft und durch eine Veränderung der grundlegenden Geschichte der Getrenntheit. Das getrennte Selbst inmitten einer Welt des Fremden, ich getrennt von dir, die Menschheit getrennt von der Natur. Allein zu sein ist eine Urangst und die moderne Gesellschaft führt dazu, dass wir uns zunehmend einsamer fühlen.

Aber die Zeit der Wiedervereinigung ist gekommen. Jeder Akt des Mitgefühls, der Freundlichkeit, des Mutes oder der Großzügigkeit heilt uns von der Geschichte der Getrenntheit, denn er bestätigt sowohl den Akteuren als auch den Zeugen, dass wir gemeinsam in dieser Geschichte leben."

Charles Eisenstein

Der US-amerikanische Kulturphilosoph Charles Eisenstein graduierte an der Yale Universität in Mathematik und Philosophie. Als Autor und Redner befasst er sich heute unter anderem mit den Themen Bewusstsein, Gesundheit, Zivilisation, Kulturentwicklung und Klima. Mit seinem unkonventionellen Wirken inspiriert er zu neuen Perspektiven und tiefgreifender Entwicklung.

Einleitung

Leiden Sie unter den einengenden Auswirkungen der Angst? Müssen Sie Ihr Leben dadurch stark einschränken? Vielleicht macht Ihnen die Angst bereits seit vielen Jahren zu schaffen und Sie haben schon einiges probiert, um sie loszuwerden.

Wie Sie bin auch ich ein Mensch auf einer Reise durch die Höhen und Tiefen des Lebens. Wie Sie erlebe auch ich auf dieser Reise Herausforderungen, die Angst machen. Mal komme ich schlechter damit zurecht und mal besser.

Seit meiner Kindheit sind mir Sorgen und Ängste wohlvertraut. Die Konfrontation mit Verlust und Krankheiten haben mich geprägt. Auch, wenn es anders schien hatte ich lange Zeit nur ein sehr geringes Selbstwertgefühl. Im Kindergarten und der Grundschule war ich eher schüchtern. Ich wurde häufig krank und wollte nicht länger mit meinen Unsicherheiten konfrontiert sein.

Ich fühlte mich im „Gefängnis des Lebens“ eingesperrt. Aber gleichzeitig wuchs in mir auch eine unbändige Neugierde. Ich wollte das Leben erleben und selbst das Steuer übernehmen. Also musste ich die Angst vom Fahrersitz werfen. Inzwischen bin ich von vielen meiner früheren Ängste befreit.

Ich erhebe nicht den Anspruch, bezüglich des Themas *Angst* allwissend zu sein. Daher möchte ich Ihnen auch nicht vorschreiben, wie Sie mit Ihrer Angst umzugehen haben. Das kann ich auch gar nicht. Denn Sie allein sind die Expertin oder der Experte Ihrer Angst.

Stattdessen möchte ich Ihnen zeigen, wie Sie Ihre Angst verwandeln. Die dunklen Seiten des Lebens können sehr belastend sein. Aber das ist nur die halbe Wahrheit. Angst, Schmerz, Trauer, Wut und Leid können ebenso hilfreicher Dünger für Freiheit, Gesundheit, Lebendigkeit, Freude und Glück sein.

Die eindrucksvolle Geschichte „Eine Wagenladung voller Mist“[1] des buddhistischen Mönches Ajahn Brahm macht dies deutlich:

Stellen Sie sich vor, Sie öffnen die Haustür und erblicken einen riesigen Haufen Mist. Jemand hat diesen Haufen vor Ihrer Tür abgeladen. Sie haben ihn nicht bestellt, aber trotzdem ist er da.
Nun haben Sie zwei Möglichkeiten, damit umzugehen. Die erste Möglichkeit ist, den Mist mit sich herumzutragen. Sie wühlen sich hindurch, wenn Sie das Haus verlassen oder wieder betreten. Ihre Taschen sind voll davon und Sie ärgern sich über den schrecklichen Gestank.

Niemand anderes als Sie selbst kann und wird diesen Misthaufen beseitigen. Also entscheiden Sie sich möglicherweise eines Tages für die zweite Möglichkeit. Sie nehmen sich eine Mistgabel und beginnen mit der Arbeit. Auch, wenn es nur eine Schaufel pro Tag ist - Sie bleiben dran und tragen den stinkenden Misthaufen Stück für Stück in Ihren Garten. Irgendwann werden Sie die Haustür öffnen und erstaunt feststellen, dass der Haufen verschwunden ist. Und wenn Sie in Ihren Garten gehen, werden Sie überrascht sein, denn dieser ist plötzlich voller bunter Blumen und Früchte.
Und die Moral von der Geschichte ist, dass diejenigen mit den größten Misthaufen vor ihrer Tür zwar viel schaufeln müssen, aber dafür werden sie mit den prächtigsten Gärten belohnt.

---

1 Ajahn Brahm, Die Kuh, die weinte, 5. Auflage, Lotos Verlag München 2009, S. 105ff.

Angst ist ein sehr facettenreiches Thema - so wie die Liebe und das Leben selbst. Wie die Angst ist auch jeder einzelne Mensch so vielfältig und tiefgründig wie das gesamte Universum. Vielleicht arbeiten Sie statt mit einer Mistgabel lieber mit einem Bagger. Sie haben die Wahl und alles geschieht in Ihrem Tempo.

Ich möchte Sie dazu motivieren, Ihre Angst aus einer unkonventionellen Perspektive zu betrachten. Denn ich glaube, dass Ihr Leben dadurch um ein Vielfaches reicher wird.
Auch wenn sich Ihr Verstand im Moment ein Leben ohne Angst nicht vorstellen kann. Wenn Sie genau hinhören, werden Sie feststellen, dass Ihr Herz anderer Meinung ist. Dieses Buch soll Ihrem Herzen Mut machen, ein wenig lauter zu flüstern.

Lassen Sie uns gemeinsam auf die Reise gehen - eine Reise durch den Dschungel des Lebens. Lassen Sie uns die Ängste betrachten, als wären sie wilde Tiere auf einer Safari. Während Sie sicher in einem Jeep sitzen, beobachten Sie einfach, was um Sie herum geschieht.

Ich bitte Sie um Verständnis, dass ich ab sofort in der *du-Form* weiterschreibe. Immerhin werden wir uns gemeinsam auf eine abenteuerliche Reise begeben, die uns durch das Dickicht der Emotionen und Gefühle führt. Ich bin schon sehr gespannt, was uns alles erwartet. Du auch?

Ich wünsche dir nun eine Reise voller Freude und erkenntnisreicher Momente.

Mögest du frei sein!

In Liebe, Yvonne

Wie du mit diesem Buch arbeitest

Du kannst das Buch einfach entspannt von vorne bis hinten durchlesen. Nimm dir Zeit, damit es wirken kann. Manchmal findest du am Ende der einzelnen Kapitel **Übungen und Fragen**. Beantworte die Fragen schriftlich, nachdem du das jeweilige Kapitel gelesen hast. Probiere auch die Übungen direkt aus.

Führe ein Angsttagebuch

Lege dir ein Tagebuch und einen Stift bereit, sobald du das Buch in die Hand nimmst. Deine Emotionen und Gefühle sind Hinweise zur Wahrheit. Sie führen dich zu deinen Verletzungen. Benutze diesen Ratgeber daher ganz aktiv.

Halte nach jedem Kapitel inne und beobachte deine Körperwahrnehmungen, Gedanken und Gefühle. Das wird dir helfen, Fortschritte in deiner Entwicklung zu machen.

Achte auch während des Lesens auf deine Gedanken und Gefühle:

- Was stört dich?
- Worüber bist du wütend?
- Was erfreut dich?
- Schreibe all deine Gedanken und Empfindungen auf.

Disclaimer

Dieses Buch ist kein Ersatz für eine Therapie. Wenn du gerade eine Therapie machst, kannst du die Notizen und Gedanken mit dem Therapeuten besprechen. Vielleicht deckt ihr gemeinsam etwas auf, was dich auf dem Weg zur Heilung weiterbringt.

Falls du keine Therapie machst, dann nutze dieses Buch, um deine Angst besser zu verstehen. Führe die Übungen nur durch, wenn du dich dazu emotional in der Lage fühlst. Einige der Übungen sind sehr effektiv. Achte auf deinen Körper und nimm deine Grenzen wahr.
Für den Fall, dass du eine Therapie machen möchtest, findest du am Ende des Buches einen Link mit Therapeuten in deiner Nähe.

Erster Teil - Verstehe das Wesen der Angst

Angst. Jeder kennt sie, aber nur wenige Menschen wissen, was sich hinter ihr verbirgt.

Angst kann sich in unterschiedlichen Formen zeigen, ob als alles umhüllende Dunstglocke oder als stechende Panikstörung, die dich fast ersticken lässt.
Manchmal hängt sie an deinen Fersen, wie ein klebriger Kaugummi. Mal wird sie zum erdrückenden Diktator, der dich völlig unter seiner Kontrolle hat. Dann wieder erscheint die Angst als dunkler Schweif am Horizont. Auch, wenn gerade die Sonne scheint. Sie ist da. Wie ein nebeliger Dunst, der sich schwerfällig auf einer Blumenwiese ausbreitet.

Es ist die Angst vor der Angst, die uns bedroht. Allein die Tatsache, dass sie existiert, raubt uns das Gefühl der Sicherheit. Jeder Versuch der Kontrolle und Unterdrückung scheint sie umso stärker zu machen. Unbekanntes verursacht Unsicherheit. Wenn du dich und deine eigene Angst besser kennenlernst, erlangst du das Gefühl der Sicherheit und Vorhersehbarkeit zurück. Nimm dir dafür Zeit.

Angst ist ein Scheinriese. Je weiter er weg ist, desto größer und gefährlicher sieht er aus. Kommen wir jedoch näher heran, wird der Riese immer kleiner. Im ersten Teil des Buches werden wir das Wesen der Angst studieren und sie unter der Lupe betrachten. Es fällt uns leichter, etwas einzuschätzen, was wir kennen. Das macht es viel weniger furchteinflößend und wird den Scheinriesen in manchen Fällen als Zwerg entlarven. Vielleicht werden wir sogar den ein oder anderen verborgenen Schatz finden. Lass dich überraschen, denn sehr oft erweist sich das grässliche Angstmonster als hilfreicher Superheld, der dich auf deinem Weg begleitet und unterstützt.

Begegne dir ab sofort selbst mit einer liebevollen und geduldigen Haltung. Denn mit Zeit, Liebe und Geduld wirst du Klarheit erfahren, die dich leitet. Je näher du dir selbst kommst, desto besser hörst du die Stimme deines Herzens.

Angst, wer bist du?

„Man sieht nur mit dem Herzen gut.
Das Wesentliche ist für die Augen unsichtbar.“

Antoine de Saint-Exupéry (1900 – 1944)

Was ist Angst? Diese Frage ist einfach zu beantworten, genau so einfach wie die Frage: **Wer bist du?**

Oberflächlich betrachtet ist die Antwort klar. Sie besteht für gewöhnlich aus einer bunten Mischung aus Zahlen, Daten und Fakten, Name, Wohnort, Alter, Beruf, Familienstand. Aber was sagen diese Daten eigentlich wirklich über dein Wesen aus?

Welchen Namen haben dir deine Eltern gegeben?
Welche Adresse steht in deinem Ausweis?
Vor wie vielen Jahren wurdest du geboren?

Kenne ich dich, wenn du mir diese Fragen beantwortest? Vielleicht sind Zahlen, Daten und Fakten nicht ausreichend, um jemanden oder etwas wirklich zu verstehen.

Das erinnert mich an folgende Geschichte aus „Der kleine Prinz“:

„Wenn ich euch diese Einzelheiten über den Asteroiden B 612 erzähle und euch seine Nummer verrate, dann nur wegen der Erwachsenen. Die Erwachsenen lieben Zahlen. Wenn ihr ihnen von einem neuen Freund erzählt, fragen sie nie nach dem Wesentlichen. Nie sagen sie: Wie klingt seine Stimme? Was spielt er am liebsten? Sammelt er Schmetterlinge? Sie fragen: Wie alt ist er? Wie viele Geschwister hat er? Wie viel wiegt er? Wie viel verdient sein Vater? Erst dann glauben sie, ihn zu kennen."[2]

Ich könnte nun also davon erzählen, dass sich Angst aus einem komplexen Erleben von körperlichen Wahrnehmungen, Gedanken und Verhaltensmustern zusammensetzt; dass bei einer Angstattacke dein Stammhirn aktiviert wird und einen Hormoncocktail aus Cortisol, Adrenalin und Noradrenalin durch deinen Körper jagt; dass dadurch der Zugang zu deinem Gedächtnis stark eingeschränkt ist und bei andauerndem Stress deine Lernfähigkeit sinkt und die Verdauung beeinträchtigt wird, weil sich all deine Energie auf Flucht, Kampf oder Erstarren ausrichtet.

Ich könnte weiterhin darüber reden, dass Angststörungen zu den häufigsten psychischen Erkrankungen gehören und etwa 15 Prozent der deutschen Bevölkerung und 4,4 Prozent der Gesamtbevölkerung unter Angststörungen, Depressionen und Panikattacken leiden.

Ich könnte zahlreiche Studien als Beweise vorlegen, welche Methoden die besten Ergebnisse im Kampf gegen die Angst liefern. Außerdem könnte ich dir sagen, mit welchen 10 Schritten du deine Angst ein für allemal loswirst.

All diese Faktoren werden deinen Verstand beruhigen. An der ein

2 Antoine de Saint-Exupéry, Der Kleine Prinz, 18. Auflage, Karl Rauch Verlag Düsseldorf 2010, S. 17-18

oder anderen Stelle werde ich deinem Verstand diesen Gefallen tun. Immerhin will er nichts weiter, als dich beschützen. Allerdings ist der Verstand nicht komplett darüber im Bilde, wie die Welt funktioniert. Wenn du ihm daher voll und ganz die Zügel übergibst, gleichst du einem blinden Reiter, der zu allem Überfluss mit einem schreckhaften Pferd gestraft ist.

Um Angst gänzlich begreifen und transformieren zu können, musst du deinen Körper und - ganz speziell dein Herz - mit einbeziehen. Daher werden wir die Angst auch und vor allem auf emotionaler Ebene beleuchten. Das gibt uns die Möglichkeit, ihr wahres Wesen kennenzulernen. Du wirst dich der Angst annähern, sie erkunden und beobachten. Dadurch bekommst du die Chance, sie begreifen zu können.

Viele deiner Ängste haben ihren Ursprung in den Tiefen des Unbewussten. Deshalb werde ich sprachliche Bilder benutzen, die dein Unterbewusstsein ansprechen. Damit wird die Angst für dich greifbar und es wird leichter, sie in dein Bewusstsein einzuladen.

Es kann sein, dass dein Verstand manchmal empört dazwischenfunkt. Das ist in Ordnung. Versuche dennoch, dich auf die Reise einzulassen. Nutze regelmäßig dein Tagebuch, um Sorgen und Bedenken aufzuschreiben. Manchmal brauchen wir für unsere Anliegen einfach nur ein wenig Raum. Gib dir diesen Raum.

Wenn du die Angst und dich selbst genau kennst, dann weist du, wie du in bestimmten Situationen reagierst. Das Gefühl des Kontrollverlusts lässt nach. Stattdessen wirst du die Angst als einen vertrauten Gast sehen. Dieser wird vielleicht nicht dein bester Freund, aber du wirst wissen, wie du mit ihm umzugehen hast, wenn er einmal wieder unerwartet an deiner Tür klopft oder einfach ohne Vorwarnung hereinstürmt. Vielleicht wird es sogar Momente geben, in denen du dich darüber freust, wenn das alte „Angstmonster" bei dir vorbeischaut.

Die Macht der Angst

Nicht selten wird Angst als Instrument der Macht benutzt, um Menschen zu manipulieren.
Die Industrie und die Politik profitieren davon. So lassen sich zum Beispiel Kriege, die Einführung neuer Gesetze, Medikamente oder Produkte rechtfertigen. Die Angst muss nur groß genug aufgeblasen werden, bis irgendwann jede Lösung akzeptabel wird. Das ist dank der Medien heute sehr einfach möglich.

Auch in der Erziehung wird Angst eingesetzt, um zu manipulieren. Wenn wir nicht weiter wissen, wird die Angstkarte ausgespielt. Nicht nur Eltern, auch Erzieher*innen, Pädagog*innen oder Pfleger*innen greifen zu diesem Mittel, um die gewünschten Ergebnisse zu erzielen. Kein Wunder - in einer so ergebnisorientierten Welt.

Selbst in der Kinderliteratur treffen wir auf fragwürdige Erziehungsmaßnahmen. So lernen Kinder beispielsweise vom Struwwelpeter: Wenn du am Daumen lutschst, darfst du dich nicht wundern, wenn ein Geistesgestörter mit einer überdimensional großen Schere in dein Zimmer stürmt und sie abschneidet. Hättest du mal auf Mama und Papa gehört.

Die Manipulation mit Hilfe der Angst geschieht sehr oft entweder aus Hilflosigkeit oder aus Mangel an alternativen Lösungsstrategien.

Es werden denjenigen Konsequenzen angedroht, die sich vermeintlich in der Machtposition weiter unten befinden. Ganz nach dem Motto: Wenn du nicht machst, was ich will, dann wirst du mit den Konsequenzen rechnen müssen.
Anders gesagt: Der Stärkere setzt sich durch. Das darwinistische Prinzip vom Überleben des Stärkeren hat aber nur die Macht, solange wir von dessen Wahrheit überzeugt sind.

Frage dich: In welcher Welt möchtest du Leben? In einer Welt voller Kampf und Feinden? Oder in einer friedlichen Welt? Gegeneinander oder miteinander? Willst du unterdrücken oder befähigen? Du hast die Macht, das zu entscheiden. Die Veränderung beginnt bei dir selbst.

Kenne deinen Feind

„Wieviel wiegt eine Schneeflocke?
fragte ein Eichhörnchen eine wilde Taube.
Etwas mehr als nichts.
erwiderte diese.
Wenn das so ist,
so das Eichhörnchen,
muss ich Dir eine bemerkenswerte Geschichte erzählen.
Neulich saß ich, ganz nah am Stamm, auf dem Ast einer Fichte. Da ich nichts Besseres zu tun hatte, zählte ich die Schneeflocken, die sich rund um mich auf Zweigen und Nadeln niederließen. Es waren genau 3.741.952. Als die 3.741.953ste Flocke den Ast berührte, diese kleine Flocke, mit einem Gewicht von etwas mehr als nichts, brach der Ast ab.
Die Taube dachte eine Weile nach. Dann sah sie das Eichhörnchen bedeutungsvoll an.

Vielleicht fehlt nur noch die Stimme EINES Menschen, und es wird Frieden in der Welt sein." [3]

Wir alle sehen jeden Tag, wie die Menschheit Krieg führt. Wir führen diesen Krieg in unseren Familien und Partnerschaften, gegen uns selbst, gegen die Lebewesen auf dem Planeten und gegen die Erde. Der Krieg zeigt sich in unserer Sprache und in unseren Handlungen. Wir leben in einer Welt, in der Fehler bestraft werden und Perfektion das Ziel ist. In einer Welt von „Richtig und Falsch" oder „Gut und Böse" ist Angst ein unerwünschtes Gefühl. Wie alles Störende muss sie unterdrückt, bekämpft und ausgerottet werden. Wir haben uns an diese Denkweise gewöhnt.
Aber was, wenn die Angst ein Teil von dir selbst ist? Bedeutet das, dass du einen Teil von dir zerstören musst?

Wie fühlst du dich in Anbetracht all der Katastrophen, die um dich herum geschehen? Denkst du: Was kann ich als einzelner Mensch schon verändern? Denkst du, dass du machtlos bist?

Glaubst du sogar, dass du schädlich bist für all die Schönheit dieser Erde? Spürst du Schuld oder Scham?

Hast du das Gefühl, nichts richtig zu machen? Nicht richtig zu sein? Nicht genug zu sein?

Was glaubst du? Glaubst du daran, dass du nichts als ein ersetzbarer Einzelkämpfer auf dieser Erde bist? Fühlst du dich irgendwie verloren?

Welches Chaos empfindest du als größer: das äußere Chaos, welches in der Welt geschieht, oder das innere, welches sich in dir abspielt?

---

3 Simone Debour, Wieviel wiegt eine Schneeflocke? in: Website University of happiness

Nimm dir jetzt einen Moment Zeit und schreibe deine Gefühle und Gedanken auf, bevor du weiterliest. Beantworte die Fragen. Schreibe all deine Gefühle und Empfindungen auf.

Wenn wir uns schwach und verletzlich fühlen, verzweifelt und voller Angst sind, dann ist es nachvollziehbar, dass wir diese Gefühle loswerden wollen. Wir streben nach Glück und wollen Schmerz vermeiden.

Was tun, wenn wir nichts haben, wogegen wir kämpfen können?

Das Kriegsdenken gründet auf einer Gewohnheit, die wir Menschen bereits so lange praktizieren, dass wir es längst als Normalität akzeptiert haben. Immer erfinden wir irgendeinen Feind, den es zu bekämpfen gilt. Wir brauchen ihn, sonst wissen wir nicht wirklich, was wir tun sollen.

Ist es nicht mit der Angst genauso? Wir wollen sie vermeiden. Nicht im Traum käme uns in den Sinn, diese Angst als Helfer zu betrachten. Das wird sich nach dem Lesen dieses Buches hoffentlich ändern, denn Angst ist ein hilfreicher Teil von uns. Möglicherweise hat sie im Moment nur ein wenig zu viel Macht, mehr, als ihr zusteht.

Es ist Zeit, das Kriegsbeil zu begraben und Frieden zu schließen. Der erste Schritt dafür ist die Bereitschaft, dem vermeintlichen Feind zuzuhören. Indem du deine Angst verstehst, wird sie aufhören, dein Feind zu sein. Stattdessen werden sich die tiefen Botschaften entfalten, die in der Angst verborgen liegen.

Was will dir deine Angst eigentlich sagen?

Ängste sind Symptome von Verletzungen. Sie entstehen aus der Überzeugung, dass wir getrennt sind von allem, was uns umgibt. Wir entwickeln Angst vor dem Leben, weil wir die Welt als Feind betrachten und uns als Einzelkämpfer sehen - Du gegen den Rest der Welt.

Dabei bist du in Wahrheit eins mit der Welt. Auch, wenn dein Verstand rebelliert, weil er so vom Gegenteil überzeugt ist. Du bist **kein** Fehler im System. In Wahrheit bist du genauso ein Wunder wie der Rest der Schöpfung. Du bist genug. Du bist wertvoll. Du bist wichtig. Und du bist verbunden mit allem, was dich umgibt.

Sicher kennst du das legendäre Zitat des Friedensaktivisten Mahatma Gandhi:
„Sei du selbst die Veränderung, die du in der Welt sehen willst.“

Vielleicht genügt die Korrektur deiner Sicht auf die Angst, um eine bedeutende Veränderung hervorzurufen. Deine Welt wird sich ändern, denn du wirst frei sein und in Frieden leben. Wenn du die Perspektive änderst und mit dir selbst Frieden schließt, wird das zwangsläufig Auswirkungen auf die ganze Welt haben. Du wirst dich verändern. Alles wird sich verändern.

Wie alles im Leben gibt es die Angst aus gutem Grund. Erkenne den Sinn darin. Höre darauf, was dir die Angst zu sagen hat. Sie kann dir zeigen, was fehlt, und ist ein direkter Wegweiser zu deinen Bedürfnissen.

Vielleicht ist deine Angst die pure, komprimierte Lebensfreude. Vielleicht möchte sich deine Angst entfalten und zu der kraftvollen Lebenskraft entwickeln, die in dir steckt. Wenn diese Lebendigkeit einmal sein darf, wird sich nicht nur dein Leben verändern. Du wirst alles um dich herum zum Strahlen bringen.

Könnte es sein, dass das wahr ist?
Finden wir es heraus!

Der innere Höhlenmensch

Angst dient seit jeher unserem Überleben. Sie sorgt dafür, dass sich all deine Energie sammelt, sodass du für den Ernstfall gerüstet bist.

Während einer akuten Stresssituation gerät dein Körper in Alarmbereitschaft. Das Denken sowie alle überflüssigen Systeme (z. B. das Verdauungssystem) werden für den Moment heruntergefahren. Ein automatischer Notfallmechanismus wird aktiviert und der Autopilot ist auf Überleben eingestellt. Dein innerer Höhlenmensch übernimmt das Steuer. Im Wesentlichen kennt er nur drei Arten, um zu reagieren: Flucht, Kampf oder Erstarren.

Wenn der innere Höhlenmensch auf das Gaspedal tritt, durchfluten Cortisol, Adrenalin und Noradrenalin deinen Körper. Dein Herz schlägt schneller, dein Atem beschleunigt, der Blutzuckerspiegel steigt und die Pupillen erweitern sich - Keine Zeit für Mitgefühl und Liebe im Zustand der Panik. Verdauung und Immunsystem fahren ihre üblichen Aktivitäten auf ein Minimum herunter.

Wenn du dich tatsächlich in einer lebensbedrohlichen Situation befinden solltest, dann ist der innere Höhlenmensch dein bester Freund, denn er bringt dich auf dem schnellsten Weg in Sicherheit. Wenn also früher ein Säbelzahntiger vor einem Höhlenmenschen stand, konnte dieser alle verfügbaren Ressourcen einsetzen und wahlweise kämpfen, fliehen oder sich totstellen.

Auch im Tierreich funktioniert dieser Teil des Gehirns hervorragend. Der Überlebensinstinkt entfaltet seine volle Wirksamkeit. Kaninchen sind zum Beispiel eher prädestiniert dafür, sich totzustellen oder zu flüchten. Raubtiere werden eher in den Kampf übergehen. Beim Menschen hängen die jeweiligen Entscheidungen von vielen unterschiedlichen Faktoren ab. Zum Beispiel können individuelle Erfahrungen und der Charakter einen Einfluss auf die Reaktion haben. Möglicherweise wird ein introvertierter Mensch in Stresssituationen eher in Starre verfallen oder sich zurückziehen. Es kann auch situationsabhängig sein, wann man auf welche Strategie zurückgreift. Welche Situation das auch sei: Sie ist heutzutage in den allermeisten

Fällen nicht mehr notwendig, denn wir befinden uns längst nicht mehr im ständigen Kampf um Leben und Tod, so wie unsere Vorfahren oder die Tiere in freier Wildbahn.

Allerdings scheint eine diffuse Bedrohung von der stetig zunehmenden Zerstörung unserer natürlichen Lebensräume auszugehen. Angststörungen nehmen weltweit zu, vermutlich nicht ohne Grund. Instinktiv scheinen wir zu spüren, dass in der Art, wie wir mit der Welt interagieren, etwas schiefläuft.

Der Schlüssel zur Heilung liegt in der Verbindung mit der Natur und den natürlichen Bedürfnissen, die in uns gestillt werden wollen.

Die Angst ist deine innere Alarmanlage. Sie zeigt dir, wenn etwas nicht stimmt und lässt dich schnell auf eine bestimmte Situation reagieren. Das ist sehr hilfreich, um dein Überleben zu sichern. Wenn zum Beispiel ein Auto auf dich zukommt, sorgt dieses innere Alarmsystem dafür, dass du ohne weiteres Nachdenken zur Seite springst.

Bei manchen Menschen ist diese Alarmanlage sehr fein eingestellt. Das ist zuerst einmal weder gut noch schlecht. Es ist einfach so. Das Ziel ist nicht, die Alarmanlage gänzlich abzuschaffen. Manchmal genügt es, die Einstellung zu verändern. Im zweiten Teil des Buches bekommst du das Handwerkszeug, mit der du die Alarmanlage nach deinen Wünschen justieren kannst.

Es gibt Gründe, warum deine Alarmanlage besonders feinfühlig reagiert. Die Ursachen können zum Beispiel überwältigende Ereignisse aus der Vergangenheit sein.
Allerdings ist es nicht immer unbedingt notwendig, diese Gründe zu

kennen und verletzende Erlebnisse aus der Vergangenheit genauestens zu analysieren. Deinen Verstand würde das zwar sehr interessieren, für dein Herz ist das allerdings nebensächlich. Es will einfach heute, hier und jetzt Lebensfreude erfahren. Das erreichst du, indem du dich auf deine **Bedürfnisse** konzentrierst.

Begib dich in den Prozess, dich selbst kennenzulernen. Erfülle deine Bedürfnisse. Das erreichst du, indem du dich fragst: **Was brauche ich gerade?**

Stell dir diese Frage immer dann, wenn du die Angst spürst.

Angst hat einen guten Grund

Auch wenn wir sie von Zeit zu Zeit als störend empfinden, so gibt es die Angst aus einem guten Grund: Sie dient uns als Schutz. Stell dir vor, du hättest keine Angst, vor nichts und niemandem. Wie hoch wären deine Überlebenschancen?

Ich habe mal von einem Jungen gehört, der nicht dazu in der Lage war, Schmerzen zu empfinden. Damals dachte ich mir: Wie genial ist das denn? Allerdings habe ich dabei den Schmerz ausschließlich als Feind betrachtet, als etwas Störendes, weil es unangenehme Gefühle hervorruft. Die andere Seite des Schmerzes habe ich völlig verleugnet, nämlich die hilfreiche, schützende und manchmal überlebenswichtige Funktion.

Stell dir vor, du schneidest dich beim Schälen der Kartoffeln in den Finger. Zunächst empfindest du einen starken Schmerz. Dieser hält dich im Normalfall davon ab, weiterhin an deinem Finger herum zu sägen. Dein Finger beginnt zu bluten. Das Blut erfüllt zwei Funktionen: Es reinigt die Wunde von Verschmutzungen und sorgt dafür, dass sich die Wunde nach der Reinigung wieder schließt. Blut ist dein körpereigenes Desinfektionsmittel und Pflaster in einem. Die Selbstheilungskräfte sind aktiviert und du kannst ruhigen Gewissens weiter deiner Tätigkeit nachgehen.

Wie der Schmerz hat auch Angst einen Sinn. Solange wir Angst nicht übermäßig bewerten, *ist* sie einfach vorhanden. Sie ist wie dein innerer Wächter und warnt dich vor möglichen Gefahren.

Auch wenn es auf den ersten Blick nicht so aussieht: Der Mensch ist ein ziemlich verletzliches Wesen. Kaum ein Lebewesen ist nach der Geburt über einen so langen Zeitraum so vollständig vom einem sozialen Umfeld abhängig. Wir könnten ohne ein Miteinander schlichtweg nicht überleben. Wenn man uns als Baby irgendwo auf die Straße legen würde, dann würden wir sterben.
Wir brauchen nicht nur Nahrung und körperliche Pflege. Wir brauchen zum Überleben auch Zuwendung und Liebe. Das zeigt ein grausames Experiment aus dem 12. JH:[4]

Der römische Kaiser Friedrich II. von Hohenstaufen wollte durch dieses Experiment die ursprüngliche Sprache der Menschen erforschen. Dabei wurden Säuglinge direkt nach der Geburt von ihren Müttern getrennt. Die Versorgung erfolgte ausschließlich durch Ammen und Pflegerinnen. Außer den überlebenswichtigen Notwendigkeiten wie Nahrung und Körperpflege waren die Ammen dazu angehalten, nicht

---

4 Wi.Pö., Waisenkinderversuche, in: Website des Magazins Spektrum Akademischer Verlag Heidelberg, https://www.spektrum.de/lexikon/psychologie/waisenkinderversuche/16645

mit den Babys zu kommunizieren, das hieß kein Herumalbern, keine Liebkosungen, keine Sprache und auch keine Zärtlichkeiten. Alle Säuglinge starben aufgrund von Mangel an emotionaler Zuwendung.

Ein weiteres, ebenso grausames Experiment von Harry Harlow aus den 50er Jahren macht die Notwendigkeit von Liebe und Bindung deutlich:[5]

Bei dem Experiment waren Rhesusaffenbabys in Käfigen und in völliger Isolation von ihren Müttern untergebracht. In den Käfigen gab es lediglich ein Modell einer Affenmutter aus Draht sowie eine weitere aus Stoff. Bei der Drahtmutter bekamen die Affenbabys Nahrung. Die Forscher haben beobachtet, dass die Affenbabys in Angstsituationen bei der weichen Stoffpuppe Schutz gesucht haben, weil diese ihrer echten Mutter ähnlicher war. Die Affen, die lediglich mit der Drahtmutter in völliger Isolation von ihrer echten Mutter eingesperrt waren, bekamen starke Verhaltensauffälligkeiten.
Zu diesen Störungen zählten eine Verminderung der Lernfähigkeit, wenig Explorationsbereitschaft, ein vermindertes Problemlösungsverhalten, Probleme im Sozialverhalten sowie eine verminderte Regulationsfähigkeit der Gefühle. Außerdem zeigten sie starke Ängste und aggressives Verhalten.

Auch wenn menschliche Säuglinge keine Rhesusaffenbabys sind, so unterscheiden wir uns in unserem Bedürfnis nach Liebe und Zuwendung von den Tieren keineswegs. Der einzige Unterschied ist: Menschliche Wesen sind weitaus verletzlicher, weil wir über einen viel längeren Zeitraum von unserer Bindungsperson abhängig sind.

---

5 Harry F. Harlow, The Nature of Love, First published in American Psychologist, 13, 673-685, Website by Christopher D. Green York University, Toronto, Ontario, Posted March 2000,

Eine Zeitreise in die Vergangenheit

„In der Tiefe unserer Seelen liegt ein weinendes Baby“[6]

In seinem Buch „Der Ursprung der Angst“ schreibt Franz Renggli über die frühen Trennungserfahrungen als Ursache für alle tiefsitzende Ängste. Aus evolutionärer Sicht seien wir Menschen es nicht gewohnt, kurz nach der Geburt von der Mutter getrennt zu werden. Ein kleines Affenbaby krallt sich am Fell der Mutter fest. Sobald es von der Mutter getrennt wird, fängt es an zu schreien.

Auch menschliche Säuglinge haben noch den Greifreflex, obwohl uns das Fell längst ausgegangen ist. Als die Menschen noch Jäger, Sammler und Nomaden waren, wurden die Sprösslinge getragen.
Erst später, als wir sesshaft wurden und länger an einem Ort verweilten, mussten die Babys nicht länger herumgetragen werden. Die Kinder wurden abgelegt und teilweise bereits nach der Geburt mehrere Stunden von den Müttern getrennt. Oft erfuhr das Kind ausschließlich zum Füttern den innigen Körperkontakt zur Mutter.

Diese frühe Trennung führe zu unverarbeiteten Traumata, die sich in Ängsten und Zwängen manifestieren und das Leben eines Menschen unnötig erschweren können, unbearbeitet oft bis an das Lebensende. Doch glücklicherweise müssen wir uns damit nicht abfinden, denn es gibt Wege, diese tiefsitzenden Wunden zu heilen.

6 Franz Renggli, Der Ursprung der Angst, Patmos Verlag 2001 S. 13

Dein innerer Wächter

Stell dir vor, du bist ein zu 100 Prozent abhängiges Baby, ohne Chance, sich selbst versorgen zu können. Was kannst du alleine gegen die potenziellen Gefahren des Lebens ausrichten? Beim kleinsten Anflug von Gefahr kommt also die Angst in seiner strahlenden Rüstung zur Hilfe und rettet dich. Sie sorgt dafür, dass du anfängst, panisch um Hilfe zu schreien. Du weinst, du schreist und jemand eilt herbei und kümmert sich um dich.

Spüre einmal tief in dich hinein, wenn du ein Baby schreien hörst. Welche körperlichen Reaktionen erlebst du? Welcher Impuls kommt instinktiv in dir hoch, wenn ein Baby schreit? Fühlt es sich angenehm an? Ruhig, warm, behaglich? Oder ist es ein unangenehmes Gefühl, welches einen Impuls der Handlung auslöst? Wir würden niemals auf die Idee kommen, einen Soundtrack mit Babygeschrei zur Entspannung anzuhören. Babygeschrei ist ein klares Alarmsignal, welches in uns einen Handlungsimpuls auslöst.

Danke Angst, denn du willst uns beschützen. Nicht nur beschützen. Du willst unser Leben retten.

Für ein Baby bedeutet verlassen zu werden eine direkte Gefahr für sein Leben, da es sich nicht selbst regulieren und versorgen kann. Es ist Einflüssen wie Hunger, Kälte oder Hitze hilflos ausgeliefert.

Im frühen Säuglingsalter werden wegen der Abhängigkeit bereits kurze Phasen der Trennung als Todesangst empfunden. Die Todesangst ist der Ursprung, also die sogenannte Ur-Angst. Es ist die Angst, verlassen zu werden und zu sterben. Daraus entwickelt sich die spätere Angst vor dem Ungewissen und dem Loslassen.
Anders betrachtet verbirgt sich hinter der Todesangst das dringende Bedürfnis nach Leben. Das Bedürfnis nach Sicherheit, Geborgenheit und Verbindung ist somit ein tiefer Wunsch nach **Lebendigkeit**.

Die Todesangst ist demnach der Überlebensinstinkt. Dieser Instinkt ist ein **Ur-Instinkt**. Er ist von Anfang an da und **in jeder Zelle angelegt**. Unser Gehirn warnt uns folglich vor allem, was unser Überleben in irgendeiner Form gefährden könnte. Allerdings könnte es ebenso gut sein, dass dir dieser innere Wächter heute im Weg steht. Das früher als bedrohlich erlebte Ereignis ist heute möglicherweise gar nicht mehr gefährlich.

Wenn du gegenwärtig als erwachsener Mensch ohne deine Bindungsperson bist, musst du nicht augenblicklich sterben. Du kannst deine Jacke anziehen, in den Supermarkt oder Garten laufen und Nahrung besorgen. Trotzdem könnte es sein, dass das alte, abgespeicherte Programm dir noch einen Alarm meldet: Trennung = Todesgefahr.

Warum wir lernen, Gefühle zu unterdrücken

Weil wir so verwundbar sind ist die Wahrscheinlichkeit sehr hoch, dass wir irgendwann in der Vergangenheit verletzt wurden - nicht nur körperlich, sondern auch emotional. Wenn sich Verletzungen ständig wiederholen oder sehr tief und überfordernd sind, bauen wir einen inneren Schutz auf.
Wir ignorieren oder verdecken den Schmerz zunächst mit Gefühlen, die sich weniger unangenehm anfühlen als die Angst. Außerdem neigen wir dazu, die Trennung von der Gemeinschaft zu vermeiden. Das bedeutet in vielen Fällen, dass wir Verhaltensweisen unterdrückt haben, die von unserem sozialen Umfeld nicht erwünscht waren.

Nicht nur Gefühle wie Wut, Trauer oder Angst können vom Umfeld als störend beurteilt werden. Auch übermäßige Lebendigkeit ist nicht so gerne gesehen. Vor allem, wenn die Kinder brav am Tisch sitzen und ihre Hausaufgaben machen sollen. So werden natürliche Bedürfnisse von Exploration und Freude am Lernen oftmals frühzeitig unterdrückt.

Was bedeutet das für uns, wenn bestimmte Gefühle nicht erwünscht sind?

Sind bestimmte Gefühle in der Familie unerwünscht, besteht die Gefahr der Ausgrenzung, wenn diese Gefühle aufkeimen. Wieder entsteht die Ur-Angst, verlassen zu werden und zu sterben. Denn ein Individuum, welches aus der Gruppe ausgeschlossen wird, hat aus evolutionärer Sicht sehr geringere Überlebenschancen.

Sich gegen die Gemeinschaft zu stellen bedeutet Ausschluss, was wiederum dazu führt, dass wir allein gelassen werden und sterben könnten.

Diese Angst ist nicht im Bewusstsein präsent. Trotzdem ist sie unbewusst vorhanden und wirkt sich auf unser Leben aus.

Wenn Gefühle unerwünscht sind, gibt es unterschiedliche Möglichkeiten, damit umzugehen.

Weil wir dazugehören wollen, entscheiden wir uns gegen unsere Gefühle. Wir schließen sie in unseren inneren Tresor ein. Allerdings mit verheerenden Auswirkungen, denn wenn Gefühle unterdrückt und weggesperrt werden, büßen wir unsere Lebendigkeit ein. Alle störenden, aber lebendigen Gefühle sind also sicher in unserem inneren Tresor eingeschlossen. Manchmal ist in dem Tresor jedoch nicht genügend Platz. Dann platzen sie hin und wieder explosionsartig heraus und stoßen mehr denn je auf Ablehnung. Lange unterdrückte Gefühle können wie Waffen sein. Wut kann sich gegen andere richten oder wir richten sie gegen uns selbst. Selbstverletzendes Verhalten, Süchte oder chronische Krankheiten können mögliche Folgen sein.

Ein anderer Weg besteht darin, die gesellschaftlichen Erwartungen zu ignorieren. Vielleicht schließen wir uns Gruppen an, die ähnlich denken wie wir. Das könnte bedeuten, dass ein Mensch sich von der Gemeinschaft abwendet, die seine Wut ablehnt. Möglicherweise schließt er sich einer Gruppe an, die das nicht tut. Das Bedürfnis nach Zugehörigkeit ist somit gestillt. Die Ur-Angst wird nicht weiter ausgelöst. Wut und Aggressionen werden zur Lebensrealität und immer wieder durch die Gruppe bestätigt. Dadurch wird unter Umständen die persönliche Weiterentwicklung verhindert, denn ein Loslassen der Wut würde bedeuten, sich erneut der Gefahr eines Ausschlusses aus der Gruppe auszusetzen.

Das Wegsperren der Gefühle hat Folgen, denn sie gehören nun einmal zu unserem Leben dazu. Wir wollen aber leben, sonst wären wir nicht hier. Wir kompensieren diesen Mangel an Lebendigkeit mit Ersatzmitteln, die niemals unsere wahren Bedürfnisse befriedigen. Wir wollen Schmerz vermeiden und vermeintlich negative Gefühle um jeden Preis verhindern. Wir lenken uns ab oder unterdrücken den Schmerz. Die Furcht vor dem Schmerz und der Angst wächst. Das führt dazu, dass wir die andere Seite, die Liebe und das Glück, nicht vollständig genießen können.

Zum Glück bleibt dir dieses Schicksal erspart. Du weißt, dass du mehr verdienst als ein Leben im Mittelmaß. Sei mutig und öffne deinen Tresor. Entdecke deine verborgenen Schätze.

Öffne deinen Tresor

Lies die Übung zunächst durch.

Setze dich hin und spüre in dich hinein, in einer offenen Haltung, die Handflächen nach oben. Schließe weder deine Beine noch deine Arme, aber öffne dein Herz.

Es kann vorkommen, dass du unangenehme Gefühle wahrnimmst. **Vielleicht Schuld- oder Schamgefühle**, Trauer oder Wut. Bitte bedenke, dass wir es immer nur so gut machen, wie wir es können und wie wir es wissen.

Es geht hier nicht um die Frage, auf wen wir die Schuld schieben können. Es geht darum, dass die heilsamen Strahlen des Bewusstseins unsere verborgenen Schattenseiten durchfluten. Das kann ein schmerzhafter Prozess sein. Lasse es zu, wenn unangenehme Gefühle auftauchen. Bewerte diese Ereignisse nicht, sondern lasse sie einfach zu. Erlebe sie.

Du musst dich nicht schützen. Du bist in Sicherheit. Du bist jetzt groß. Niemand kann dir weh tun. Lass deine Gefühle wieder frei. Egal, was aufsteigen mag. Nimm es an.

Beobachte alles, was aufsteigen mag.
Schreibe deine Erfahrung anschließend auf.

Lege **jetzt** das Buch beiseite und führe die Übung durch.

Danke dir nach der Übung für deinen Mut, lebendig zu sein.

3 Wege, Angst zu erlernen

Wenn wir über die Bewertung von Ängsten sprechen, dann darf folgender Punkt nicht unerwähnt bleiben: Du solltest dich selbst davor hüten zu bewerten, wenn es sich um deine eigenen Ängste handelt. Schließlich könnte es sein, dass die Bewertung gar nicht deine eigene ist. Was meine ich damit?
Die Ur-Angst hat jeder Mensch. Wir werden förmlich mit ihr geboren. Bei der erlernten Angst ist es anders, denn es ist nicht deine eigene Angst.

Es gibt 3 Wege, wie du Ängste erlernen kannst:

1. durch eigene Erfahrung
2. durch Erzählung
3. durch Beobachtung

1. Erlernte Angst durch Erfahrungen

Wir können Ängste erlernen, indem wir eigene Erfahrungen machen, durch die sich Ängste manifestieren. Die Angst vor Hunden kann sich zum Beispiel entwickeln, wenn du die Erfahrung gemacht hast, dass ein Hund dich gebissen hat.
Womöglich ist dies noch zu einer Zeit geschehen, in der du besonders hilflos und demnach auch besonders verletzlich warst.

Gemeint ist deine Kindheit, denn je früher uns verletzende Ereignisse widerfahren, desto wahrscheinlicher ist es, dass diese Erfahrung Auswirkungen auf unser weiteres Leben hat. Als Erwachsener kannst du Gefahren besser einschätzen. Dinge, die dir widerfahren, kannst du besser einsortieren und verarbeiten als ein Kind.

Natürlich ist das von Mensch zu Mensch unterschiedlich. Jeder verarbeitet Ereignisse anders. Es ist eine Frage der persönlichen Widerstandsfähigkeit, wie gut oder schlecht du verletzende Ereignisse bewältigst und ob du aus bestimmten Ereignissen eine Angststörung entwickelst.
Außerdem kommt es darauf an, wie häufig sich das Ereignis wiederholt hat. Die Wahrscheinlichkeit, eine Angststörung zu entwickeln, ist höher, wenn dich ein Ereignis überfordert hat und damit als besonders einschneidend erlebt wurde. Bei höchst überwältigenden Ereignissen, die die betreffende Person nicht kommen sah und nicht erwartet hat, können die Folgen gravierender sein, als wenn die Person darauf vorbereitet war.
Das kann beispielsweise bei Naturkatastrophen der Fall sein, die ohne Vorwarnung eintreffen. Oder wenn eine normalerweise friedliche Situation gewalttätig eskaliert. Außerdem spielt die Häufigkeit einer Verletzung eine Rolle.

2. Erlernte Angst durch Erzählung

Stell dir zum Beispiel vor, ein Freund erzählt von seinem letzten Urlaubstrip. Der Flug war sehr turbulent. Die Maschine musste sogar wegen einem schweren Unwetter eine Notlandung machen. Die Erzählung deines Freundes ist sehr ausgeschmückt und emotional. Er überträgt seine traumatische Erfahrung auf dich, denn nachdem du das gehört hast, willst du auf keinen Fall mehr ein Flugzeug betreten. Immerhin kann dir so etwas auch widerfahren. So kann es passieren, dass du eine Angst entwickelst, die auf einer Erzählung beruht.

Auch hier sind Kinder wieder besonders gefährdet, Ängste durch Erzählungen zu entwickeln.

Dieselbe Situation kann von verschiedenen Menschen unterschiedlich erlebt werden. Daher sagt eine Erzählung nichts darüber aus, wie die Situation tatsächlich aus einem objektiven Blickwinkel abgelaufen ist. Denn die Emotionen und Gefühle, die bei Erzählungen transportiert werden, sind immer subjektiv. Sie existieren nur im Erzähler oder der Erzählerin selbst. Sie müssen in dir nicht automatisch dieselben Empfindungen auslösen.
Die Wahrscheinlichkeit ist allerdings hoch, dass du die Situation als ähnlich angsteinflößend und schlimm erlebst, **wenn du es erwartest.**

Wenn du Angst, Schmerz und Leid kommen siehst, wirst du höchstwahrscheinlich auch genau das erleben, weil dein Gehirn besonders sensibel nach diesen Dingen suchen wird.

Wie kannst du nun im Alltag damit umgehen, wenn dir jemand von einem als schlimm erlebten Ereignis erzählt?

- Mache dir bewusst, dass jedes Ereignis von unterschiedlichen Menschen anders empfunden wird. Erfahrungen und Erlebnisse sind immer subjektiv. Es muss dir nicht zwangsläufig auch so gehen, es sei denn, du erwartest es.
- Beim Zuhören kannst du bereits dazu beitragen, dass die Angst und Anspannung bei deinem Gegenüber gelindert wird. Durch emphatisches, aktives Zuhören hilfst du dabei, das Erlebnis zu verarbeiten.
- Wenn du das Erzählte nicht vergessen kannst und darunter leidest, könnte eine professionelle Beratung durch eine Fachkraft (z. B. Therapeut, psychologischer Berater, Coach) hilfreich sein, bevor du dich länger damit quälst.

3. Erlernte Angst durch Beobachtung

Nehmen wir an, du hast als Kind eine Spinne gesehen. Du selbst hast diese Begegnung mit der Spinne als neutral betrachtet. Vielleicht fandst du es interessant, wie sie an der Wand hoch gekrabbelt ist und ihr Netz gesponnen hat. Möglicherweise hast du interessiert beobachtet, wie sich eine Fliege in diesem Netz verfangen und die Spinne ihre Beute mit ihrem Faden umwickelt hat. Nehmen wir weiterhin an, dass es in deinem Umfeld eine nahe Bezugsperson gab, die schreckliche Angst vor Spinnen hatte. Vielleicht hast du bei dieser Person eine erschrockene Panikreaktion beobachtet. Du hast daraus geschlussfolgert, dass man vor Spinnen Angst haben muss und dass sie gefährlich sind.

Für das Gehirn spielt es keine Rolle, ob du selbst Angst vor etwas hast oder nur jemanden beobachtest, der Angst hat.
Diese Erkenntnis wurde unter anderem von Andreas Olsson, einem amerikanischer Forscher an der Columbia Universität zu New York, und seinem Team festgestellt.[7] Bei einem Experiment wurden den Probanden Filme gezeigt, auf denen Menschen zu sehen waren, die Stromstöße bekamen. Kurz bevor die im Film gezeigten Menschen die Stromstöße erhielten, wurde ein Signal gegeben, welches den bald kommenden Schmerz durch den Stromstoß ankündigte.
Das Ergebnis war erstaunlich. Obwohl die Probanden selbst nicht den Stromstößen ausgesetzt waren, wurde in deren Gehirn die gleiche Region aktiviert, als wären sie selbst betroffen. Obwohl sie nur einen Film sahen und eigentlich gar keine Befürchtung vor Schmerz haben mussten, wurde das Angstzentrum angeregt.

Die reine Beobachtung einer potenziell lebensbedrohlichen Situation genügt also, um unser Gehirn und den inneren Höhlenmenschen zu aktivieren.

Das ist die Fähigkeit des Mitgefühls.

Allein das Ansehen eines Filmes löst also tatsächliche körperliche und emotionale Reaktionen aus. Wenn bereits der Konsum eines Filmes, auf dem Menschen zu sehen sind, die wir nicht kennen, derartige

---

7 Andreas Olsson (Columbia-Universität, New York) et al.: Social Cognitive and Affective Neuroscience, DOI 10.1093/scan/nsm005 ddp/wissenschaft.de ? Ulrich Dewald, https://www.wissenschaft.de/umwelt-natur/erlernte-angst-ist-wie-wirkliche-angst/

Reaktionen auslöst, kannst du dir sicher vorstellen, dass deine Reaktion in der Realität umso stärker funktioniert.

Je besser wir die Person kennen, an der wir Angstreaktionen beobachten, desto beeinflussbarer sind wir. Nun hast du womöglich eine Vorstellung davon, welch großen Einfluss unser soziales Umfeld auf uns hat. Das betrifft besonders den Einfluss durch die Familien, in denen wir aufgewachsen sind.

Viele Ängste, die wir heute im Erwachsenenalter mit uns herumtragen, sind erlernte Ängste. Manche haben wir von unseren Eltern gelernt, aber auch von Geschwistern, Großeltern oder sonstigen Freunden und Verwandten.
Je enger und tiefer die Bindung, desto wahrscheinlicher ist die Tatsache, dass wir die Ängste der betreffenden Bindungspersonen übernommen haben.

Hatten dein Vater oder deine Mutter beispielsweise panische Angst vor Spinnen, wirst du sicher das ein oder andere Mal beobachtet haben, wie die Person schreiend das Zimmer verließ oder zumindest angewidert das 8-beinige Geschöpf angesehen und darum gebeten hat, dass man es schleunigst an die frische Luft setzt.

Nicht nur die Angst vor Spinnen, sondern nahezu jede Form von Angst kann erlernt sein. Hierzu gehören zum Beispiel auch soziale Ängste und Bewertungsängste.

Wir übernehmen Verhaltensweisen und Eigenschaften von unseren Bezugspersonen. Schließich sehen wir zu Beginn die Welt durch deren Augen. Auch später noch wollen wir es entweder genauso machen wie sie, oder wir wollen das genaue Gegenteil. Obwohl wir niemals so werden wollen wie unsere Eltern, müssen wir bei näherer Betrachtung zugeben, dass wir es genauso machen.

Wie suchen uns übrigens instinktiv den Menschen als Bindungsperson heraus, der oder die uns eine Orientierung bietet. Das sind starke Menschen, von denen wir glauben, dass sie wissen, wie die Welt funktioniert. Sie sind größer, stärker, mutiger und weiser als wir selbst.

Halten wir uns an diese Personen, ist aus evolutionärer Sicht unser Überleben gesichert. Bei der Beobachtung deiner Ängste ist es von Vorteil, wenn du einmal aufschreibst, wer in deinem Leben eine besonders wichtige Rolle spielt bzw. gespielt hat.

Beantworte schriftlich folgende Fragen:

- Wer war in deinem Leben die wichtigste Bezugsperson?
- Welche Ängste hatte dieser Mensch?
- Kannst du dich an Verhaltensweisen in bestimmten Situationen erinnern?
- Wie waren die Meinungen über das Leben oder in Bezug auf andere Menschen?
- Was ist ein typischer Satz dieses Menschen, der dir in Erinnerung ist?
- Welche Angst hindert dich im Moment am meisten an einem glücklichen und erfüllten Leben?
- Wie steht die wichtige Person in deinem Leben zu dieser Angst?

Wo sich Angstmonster wohlfühlen

Es gibt Faktoren, die Angststörungen begünstigen. Hierzu gehören zum Beispiel verletzende Erfahrungen aus der Kindheit. Allerdings ist es selten der Fall, dass ein einmaliges traumatisches Erlebnis eine Angststörung hervorruft. Häufiger handelt es sich um mehrere verletzende Erfahrungen.
Das kann beispielsweise ein dauerhafter Zustand emotionalen oder körperlichen Missbrauchs sein. Nicht verarbeitete emotionale Verletzungen sind häufig die Ursache von Ängsten und anderen daraus resultierenden Folgen wie Süchten oder ein vermindertes Selbstwertgefühl.

Emotionaler Missbrauch erfolgt in den meisten Fällen durch eine erniedrigende Sprache. Worte können sehr verletzen. Als Kinder gewöhnen wir uns daran und nehmen es als ganz selbstverständlich hin. Wir glauben, dass das, was wir hören, wahr ist. Als Erwachsene gewöhnen wir uns dann negative Selbstgespräche an, die zu destruktiven Verhaltensweisen führen. Nicht selten verhindern wir dadurch, dass wir unser volles Potenzial leben.

Ein weiterer begünstigender Faktor für die Entwicklung von Ängsten und Angststörungen sind psychische Erkrankungen in der Herkunftsfamilie. Hierzu gehört auch eine Überbehütung durch ängstliche Bezugspersonen.
Aber auch Krankheiten sowie die frühzeitige Konfrontation mit Trennung und Tod kann Ängste schüren. Weitere begünstigende Faktoren sind chronischer Stress, innere Konflikte sowie der plötzliche Verlust von Kontrolle und Sicherheit.

Wie das Ego die Angst füttert

Angst entsteht durch die eigenen Gedanken und Bewertungen. Folglich baust du dir dein eigenes Gefängnis. Allerdings lautet die gute Nachricht, dass auch du dich wieder daraus befreien kannst. Angst bewirkt, dass du nicht mehr klar denken kannst. Solange du dich tatsächlich in Gefahr befindest, ist das durchaus sinnvoll. Die Angst wird erst zum Problem, wenn sie dein Leben einschränkt, wenn im Grunde normale Situationen als Gefahr eingestuft werden.

Hinderliche Ängste sind für gewöhnlich neurotischer Natur. Sie werden vom Ego gesteuert. Diese sind zum Beispiel durch folgende Aussagen gekennzeichnet:

Bin ich gut genug?
Was denken die Leute über mich?
Lachen sie mich aus?

Diese Form der Angst ist nicht hilfreich. Wenn du derartige Gedanken an dir bemerkst, dann weißt du, dass gerade dein Ego die Führung übernommen hat.

Dein Ego ist das Bild, welches du von dir selbst hast. Es beschreibt zum Beispiel deine Eigenschaften, deinen gesellschaftlichen Status, deine Gefühle oder dein Verhalten. Das Ego ist dein ICH. Was ist dieses ICH? Und wer definiert eigentlich dessen Eigenschaften?

Schreibe jetzt 10 deiner persönlichen Eigenschaften auf. Diese 10 Dinge können deinen Status betreffen, die gesellschaftlichen Rollen, Charakterzüge oder dein Aussehen.

Betrachte sie anschließend. Sind sie in Stein gemeißelt oder ist es möglich, dass sie sich ändern?

In den meisten Fällen verändern sich diese Eigenschaften. Wenn du dich mit dem Ego identifizierst und glaubst, du *bist* dein Ego, führt das zu Leid. Das Ego bewegt sich in den Sphären der Logik und Sachlichkeit. Die gewöhnlichen Anforderungen des Alltags werden als wichtigste Aufgaben angesehen. Die grundlegenden Ängste wie zum Beispiel die Angst vor dem Tod werden vom Ego gespeist. Das liegt daran, dass das Ego selbst Angst vor dem Sterben hat. Je mehr wir also mit dem Ego identifiziert sind, desto größer sind unsere Ängste vor Verlust und Tod. Je weiter wir unser Bewusstsein ausdehnen, desto mehr schwindet die Identifikation mit dem Ego.

Wenn wir nach höheren Bewusstseinsebenen streben, hin zu mehr Liebe, Freiheit, Frieden und Freude, durchlebt das Ego einen Todeskampf. Wenn wir uns den größten Teil unseres Lebens mit dem Ego als unser wahres Selbst identifiziert haben, spüren wir diesen Kampf. Daher kann es passieren, dass dich dein Ego daran hindert, deine Angst loszulassen. Es steht dir im Weg, dich persönlich zu entfalten und frei zu sein. Das Loslassen von der Überzeugung, dass du dein Ego bist, ist ein Prozess, der Mut und Entschlossenheit erfordert.

Da es auf das körperliche Überleben ausgerichtet ist, fungiert das Ego als der beschützende Anteil deines Selbst. Wenn du es dabei ertappst, dass es dich boykottieren will, dann kämpfe nicht mit ihm. Wenn du dein Ego ausschimpfst, rügst du gleichzeitig den Teil deines Selbst aus, welcher dich beschützen will. Versuche stattdessen, es zu beruhigen. Das könnte etwa so aussehen:

„Danke, lieber Beschützer. Ich habe deine Meinung gehört. Dennoch werde ich mich anders entscheiden. Ich entscheide mich für Vertrauen, Liebe, Glück und Hingabe."

Die Bewertung von Angst

Angst kann aufgrund der Bewertung von Situationen entstehen. Hierbei kommen folgende Faktoren zusammen:

1. Ereignis
2. Reaktion
3. Bewertung
4. Schlussfolgerung
5. Anpassung

Etwas geschieht, das ist das Ereignis. Wie bei einem Dominostein entsteht eine Kettenreaktion.

Der erste Dominostein fällt um:

Ein **Ereignis** könnte zum Beispiel sein, dass ein Hund dich beißt.

Auf dieses Ereignis folgt eine **Reaktion**:

Die natürlichen Schutzreaktionen deines Körpers, die dein Überleben sichern, werden aktiviert: Schmerz - Erschrockenheit - Zittern, möglicherweise auch eine blutende Wunde. Wie du weißt, haben diese Reaktionen deines Körpers eine sinnvolle Eigenschaft und entstehen aus einem gutem Grund.

Der Schmerz zeigt dir, dass etwas nicht stimmt. Er sagt dir: Wenn du dich dieser Situation weiterhin aussetzt, kommt es zu Schäden. Wenn du zum Beispiel keinen Schmerz spüren würdest, könnte das Hündchen genussvoll deinen Finger anknabbern, ohne dass du etwas dagegen tun würdest. Dein innerer Höhlenmensch wird aktiviert und sorgt dafür, dass die Energie zur Verfügung gestellt wird, die dich zur Handlung zwingt. Die blutende Wunde spült die Bakterien heraus, die durch den Speichel des Hundes in deinen Körper gelangen könnten. Die im Blut enthaltenen weißen Blutkörperchen wirken wie ein Pflaster, das die Wunde wieder verschließt.

Danach kommt es zu einer Bewertung der Situation.

Natürlich fühlt es sich nicht gut an, wenn du eine schmerzende und blutende Wunde hast. Auch Schreck und Panik sind nichts, was du dauerhaft spüren willst. Wir wollen Schmerz vermeiden und Glück erreichen. Dieses Erlebnis war unangenehm, deshalb wird es als negativ bewertet. Aufgrund deiner Bewertung ziehst du, oder vielmehr dein Gehirn, eine **Schlussfolgerung**.

Dein Gehirn will dich am Leben erhalten, also macht es durchaus Sinn, dass es folgende Verknüpfung herstellt: **Hund = Schmerz**.
Der Hund ist der Trigger, das heißt der Auslöser, der deine innere Alarmanlage aktiviert. Und er ist nur eines von unzähligen Beispielen der verletzenden Erfahrungen, die jeder von uns früher oder später gemacht hat.

Weiterhin kann es passieren, dass aufgrund der Schlussfolgerung (Hund = Schmerz) eine **Anpassung** geschieht. Es könnte zur Veränderung deines Verhaltens kommen. Du könntest zum Beispiel beschließen, nie wieder in den Park zu gehen, weil dort viele Hunde herumlaufen.

Das Schema sieht also ungefähr so aus:

Ereignis - Reaktion - Bewertung - Schlussfolgerung - Anpassung (z. B. Änderung des Verhaltens)

Wird es dein Leben bereichern? Vermutlich eher weniger.
Wird es dich im Leben einschränken? Höchstwahrscheinlich.

Was für ein Leben möchtest du leben? - Ein eingeschränktes Leben voller Gefahren und Grenzen? Oder ein Leben in Freiheit? Wenn du die Freiheit bevorzugst: Wie kommst du dort hin? Schließlich hast du diese verletzenden Erfahrungen gemacht.
Der Schlüssel könnte darin liegen, wie du deine Angst bewertest.

Die unglaubliche Kraft der Gedanken

Angst und Stress sind schädlich. Ist das wahr?

Forscher haben herausgefunden, dass die negative Bewertung von Angst und Sorgen schädlicher sein kann als die Angst selbst. Die negativen Gedanken über ein bestimmtes Problem und die Überzeugung, es würde schädlich sein, macht es zur selbsterfüllenden Prophezeiung. Das heißt: Deine Überzeugungen und die Bewertung deiner Ängste spielen eine große Rolle. Das Forschungsfeld der Metakognition beschäftigt sich mit den Gedanken über die Gedanken. Daraus hat sich die megakognitive Verhaltenstherapie als erfolgreiche Therapieform bei der Behandlung von Angststörungen entwickelt.

Eine Studie aus dem Jahre 2012 von Keller und Kollegen, publiziert im

Journal of Health Psychology besagt, dass die Art der Bewertung das eigentliche Problem zu sein scheint.[8]

In der Studie wurde die Entwicklung von 28.753 Menschen von 1998 bis 2006 beobachtet.
Ein Teil der Menschen gab zu Beginn der Studie an, massiv an Stress zu leiden und ging zusätzlich davon aus, dass sich dieser Stress negativ auf ihre Gesundheit auswirken würde.
Eine weitere Personengruppe der Probanden gaben an, sie würden zwar unter massivem Stress leiden, seien allerdings nicht davon überzeugt, dass sich dieser auf ihre Gesundheit auswirkt.
Die erste Kontrollgruppe war am Ende des Experiments mit einer 43 %ig erhöhten Wahrscheinlichkeit nicht mehr am Leben. Bei der zweiten Kontrollgruppe lag die Wahrscheinlichkeit nur bei 17 %.

Anhand dieser Studie wollten die Forscher zeigen, dass nicht nur ein massiver Stresslevel, sondern auch die Einstellung dazu ausschlaggebend für die Gesundheit eines Menschen ist.
Die Studie deckt sich mit den Erkenntnissen des amerikanischen Zellbiologen Bruce Lipton. In seinem Buch „Intelligente Zellen. Wie Erfahrungen unsere Gene steuern“ erörtert er den erstaunlichen Einfluss unserer Gedanken auf unser Leben.
In seiner langjährigen Forschung der Epigenetik hat er herausgefunden, dass wir durch die Kraft unserer Gedanken sogar unsere Gene verändern können. Ein geeignetes Beispiel ist der Placebo-Effekt.

Sicher hast du auch schon von diesem Effekt gehört. Der Placebo-Effekt bewirkt, dass du daran glaubst, dass ein bestimmtes Mittel ein

8 Abiola Keller Et al., Does the Perception that Stress Affects Health Matter? in: Website der US National Library of Medicine, Published online 2011 Dec 26. doi: 10.1037/a0026743

gewünschtes Ergebnis hervorrufen würde. Allein unsere Überzeugung an die Wirksamkeit eines Medikaments kann dazu führen, dass es tatsächlich wirkt.

Es hat eine Wirkung, wie wir Dinge bewerten. Auch die Angst ist davon nicht ausgenommen.

Die Wissenschaft der Metakognition (die Fähigkeit, über das eigene Denken nachzudenken) hat herausgefunden, dass es einen Einfluss darauf hat, wie wir die Ängste bewerten.

Sollte es wirklich ausreichen, einfach nicht mehr daran zu glauben, dass Angst und Stress schädlich seien, obwohl die halbe Welt etwas anderes erzählt? Und wenn ja, wie kannst du diese Überzeugungen ändern?

Der amerikanische Autor und Philosoph Charles Eisenstein formulierte dazu folgende Weisheit:

„Anything brought into awareness is then able to proceed in its evolution.
The evolution of a wound or a blind spot is toward healing.
The evolution of a gift is toward expression.“[9]

Sinngemäß übersetzt bedeutet das:

Alles, was ins Bewusstsein gebracht wird, entwickelt sich weiter.
Die Weiterentwicklung einer Verletzung ist Heilung.
Die Weiterentwicklung einer Gabe ist Verwirklichung.

9 Charles Eisenstein, Onlinekurs „Unlearning for Change Agents“

Widerstehe dem Drang, so schnell wie möglich etwas machen, verändern oder kontrollieren zu müssen. Die Energie der Angst lässt sich nicht aus einer ängstlichen Haltung heraus auflösen.

Stelle dir folgende Fragen:

- Wie förderlich sind meine Überzeugungen für meine persönliche Weiterentwicklung?
- Wie fühle ich mich, wenn ich an diesen bestimmten Gedanken glaube?
- Ist die Angst, die ich gerade erlebe, förderlich oder nicht?
- Grenzt sie mich ein?
- Oder hilft sie mir?

Eine liebevolle Energie ist achtsam, langsam, warm und annehmend. Nimm daher die Angst zunächst an. Nimm sie wahr. Spüre und erlebe die Qualität. Lerne deine Angst kennen. Vielleicht verstärkt sich dadurch das Angstgefühl zunächst. Mache dir bewusst, dass du in Sicherheit bist und dir nichts passieren kann.

Lasse die Gefühle in dir aufsteigen. Beobachte liebevoll. Nun gibt es nichts weiter zu tun, außer zu vertrauen, dass der Samen, den du gesät hast, wachsen und gedeihen wird.

Am Ende sind es unsere Überzeugungen und unser Glaube, die den größten Unterschied machen. Ist das nicht eine ganz hervorragende Nachricht? Es bedeutet, dass wir nicht Opfer der Umstände sind, sondern dass wir unser Leben selbst in der Hand haben. Indem du dir die Abläufe bewusstmachst, ohne sie zu bewerten, gibst du dir selbst die größte Chance zur Heilung.

Wenn du den Bewertungsteil aus der Reaktionskette herauslässt, musst du die Dinge nicht länger verdrängen, weil sie schlecht sind und dich nicht mehr dazugehören lassen.

Ereignis - Reaktion - ~~***Bewertung - Schlussfolgerung - Anpassung (z. B. Änderung des Verhaltens)***~~

Angst wird durch Bewertungen verstärkt und künstlich in die Länge gezogen. Beobachte, ohne zu bewerten. Dann durchbrichst du diese Kette und verhinderst, dass sie zu einem automatisch ablaufenden Verhaltensmuster wird.

Der Schlüssel liegt in der achtsamen Beobachtung:

Beobachtung: Ereignis - Reaktion

Du nimmst eine beobachtende Rolle ein. Durch die Außenperspektive gewinnst du Abstand zu den Ereignissen. Das macht es dir leichter, das Ereignis nicht zu bewerten. Außerdem gibst du dir selbst die Freiheit, zu entscheiden, was du als Nächstes tun willst. Du musst dein Verhalten nicht länger anpassen oder verändern, wenn es dich einschränkt.

Beobachte ohne zu Bewerten

- Stell dir eine Situation vor, die du kürzlich erlebt hast. Es ist egal, welche. (Alternativ kannst du dich auch dabei beobachten, was du gerade im Moment tust.)

- Beobachte Ereignis und Reaktion, als würdest du einen Film sehen.

- Was ist das Ereignis? Beschreibe es schriftlich. (Die schriftliche Übung hilft dir, die Beobachtung zu üben. Außerdem kannst du später alles auf versteckte Bewertungen überprüfen.)

- Was ist deine Reaktion? Beobachte das Geschehene ohne Bewertung. Welche Gefühle entstehen? Welche körperlichen Reaktionen beobachtest du? Wo in deinem Körper spürst du eine Reaktion? Welche Gedanken steigen auf?

Übe diese beobachtende Rolle in jeder sich bietenden Gelegenheit. Das muss nicht immer dann sein, wenn Angst im Spiel ist. Du kannst das Beobachten jederzeit üben. Beobachte dich selbst, wie du einen Kaffee kochst oder dir die Schuhe zubindest, aber eben auch, wenn du frustriert bist, wütend wirst oder traurig bist. Was geschieht hier? Beobachte und beschreibe es neutral - ohne

Bewertung. Damit übst du, die Dinge so zu sehen, wie sie wirklich sind.

Mit der bewertungsfreien Beobachtung gibst du dir die Möglichkeit, dass deine Reaktionen nicht mehr einfach nur passieren. Du entscheidest, wie du reagieren möchtest, ohne Zwang und aus einer inneren Ruhe heraus.
Indem du eine weise und bewertungsfreie Beobachterrolle einnimmst, schenkst du dir Frieden und Freiheit. Aufmerksames, wertungsfreies Beobachten minimiert die Angst vor der Angst. Du schubst den inneren Höhlenmenschen vom Fahrersitz und übernimmst wieder selbst das Steuer deines Lebens. Damit holst du dir die wohlverdiente Macht über dein Leben zurück.

Entfalte dich wie ein Schmetterling

„Es gibt zwei Arten, sein Leben zu leben: entweder so, als wäre nichts ein Wunder, oder so, als wäre alles ein Wunder.“

Albert Einstein (1879 – 1955)

Manche Ängste hindern dich daran, die Person zu sein, die du wirklich bist. Es sind Ängste, die dich an deiner persönlichen Weiterentwicklung hindern.
Angst wird oft als Gegenteil der Liebe gesehen, als lästiges Hindernis, welches uns bei unserer persönlichen Entfaltung im Weg steht. Aber wie alle negativ bewerteten Emotionen hat auch Angst seine Berechtigung. Wie alles, was uns gegeben ist, hat die Angst ebenso einen Wert.

Wenn die Angst ein Teil deines Lebens ist und du diesen ablehnst und loswerden willst, dann lehnst du ebenfalls einen Teil deines Selbst ab. Auch wenn du nicht deine Angst bist, so ist sie doch mal mehr und mal weniger ein Teil von dir. Solange du gegen sie oder jede andere Art von negativ bewerteten Emotionen kämpfst, widersetzt du dich gegen einen Teil deines Selbst.

Statt dagegen anzukämpfen kann es hilfreich sein, die Angst als eine Schutzhülle zu betrachten, die dich umgibt. Diese Schutzhülle ist wie ein Kokon, in dem die Raupe zum Schmetterling heranreift. Sie ist der sichere Ort, an dem wir wachsen können.

Jede Etappe unserer Entwicklung braucht ihre individuelle Zeit. Jedes Individuum hat in jedem Entwicklungsstadium seine eigene Geschwindigkeit. Nur, wenn wir bis zur Grenze dieses sicheren Kokons

gewachsen sind, dann schränken uns die Ängste ein und limitieren unsere Weiterentwicklung.
Wir haben ein natürliches Bedürfnis, zu wachsen und uns weiterzuentwickeln. Wenn wir also soweit gewachsen sind, dass wir bereit sind zu schlüpfen, fühlen wir uns durch den alten Kokon plötzlich eingeschränkt. Dann merken wir, dass die Zeit für eine Entfaltung reif ist.

Die Angst zeigt uns, dass wir eine Grenze erreicht haben und bereit sind für den nächsten Schritt in unserer natürlichen Entwicklung. Sie sagt: Glückwunsch, du darfst wachsen.
Dann ist es Zeit, diese Angst loszulassen. Manchmal schaffen wir das nicht so recht. Dann fühlen wir uns, als würden wir feststecken und gelähmt sein. Depressionen und Lethargie sind die Folge, Hilflosigkeit und eine immer größer werdende, einschränkende Angst vor der Angst.

Dann ist es Zeit, zu springen und das zu tun, was du schon so lange willst. Tu es, obwohl du Angst hast. Halte dich nicht länger zurück.
Die folgende Übung hilft dir dabei, herauszufinden, wann die Angst dir im Weg steht und dich in deiner Entwicklung behindert.

Zeit, den Kokon zu verlassen

Wann spürst du, dass es Zeit ist?

Spüre in dich hinein. Fühle die Angst.

Beantworte folgende Fragen schriftlich:

- Welche Angst hindert mich im Moment an meiner freien Entfaltung?
- Was würde ich tun, wenn diese Angst nicht da wäre?
- Was bringt mich näher in Richtung Freiheit?
- Was brauche ich, damit ich diese Angst loslassen kann?
- Welchen ersten, kleinen Schritt kann ich heute gehen?
- Welcher erste Schritt ist etwas weniger angsteinflößend?
- Fühlt es sich liebevoll an?
- Wenn ich das schaffe, wie werde ich mich danach fühlen?

Angst erleben

Sollte ich meinem Bauchgefühl vertrauen und auf die Angst hören, oder sollte ich die Angst loslassen?

Das bekommst du heraus, indem du dich völlig auf die Angst einlässt. Wie fühlt es sich an, Angst zu haben? Indem du das tust, integrierst du diese Angst und hast die Möglichkeit, seine Botschaft zu erhalten.

Setzt dich zu ihr. Integriere sie. Empfange ihre Botschaft. Spüre den Impuls der Handlung aufsteigen.

Wenn die Angst dich beschützen will, wirst du es wissen und diese Sache nicht mehr tun wollen, vor der du Angst hast. Du musst dich nicht dazu zwingen.

Wenn die Angst dich in deiner persönlichen Weiterentwicklung einschränkt, dann wirst du auch das spüren, wenn du wirklich in dich hinein fühlst.

1. Wenn die Angst erscheint, nimm sie wahr und danke ihr, dass sie da ist. Sage: Danke, Angst, dass du mich schützen willst. Ich sehe dich. **„Danke für alles, was du für mich getan hast.“**

2. Setze deinen inneren Höhlenmenschen sanft auf den Beifahrersitz oder auf den Rücksitz und begib dich selbst wieder ans Steuer.

3. Höre zu. Was sagt dir die Angst? Schreibe alles auf, was dir deine Angst zu sagen hat. Du kannst ihr auch Fragen stellen. Unterteile

dafür ein Blatt Papier in zwei Spalten. Auf der einen Seite bist du, auf der anderen Seite die Angst. Führe schriftlich auf dem Blatt Papier ein Gespräch mit deiner Angst. Ist das, was die Angst sagt, begründet? Ist es wahr? Wie kommt sie zu der Annahme? Woher kommen diese Aussagen? Was steckt dahinter? Was brauchst du gerade? Welche Bedürfnisse hast du?

4. Gibt es etwas, was dir deine Angst geben möchte? Welches Geschenk hat sie für dich? Was würde sie dir raten? Was brauchst du? Was darfst du dir Gutes tun? Schreibe alles auf, was du dir wünschst.

Begegne deiner Angst mit einer liebevollen, aber bestimmten Haltung. Überlege nun, welche Mini-Schritte du gehen kannst. Gehe Schritt für Schritt behutsam in Richtung Freiheit. Sei dabei geduldig und liebevoll. Du kannst nichts falsch machen. Geh in die Verbindung mit dem, was du willst.

Und nun ist es Zeit, diesen ersten kleinen Mini-Schritt zu wagen. Schreibe auf, wie du dich danach gefühlt hast. Gehe von heute an jeden Tag kleine Babyschritte in Richtung Freiheit. Du hast es verdient.

Zweiter Teil - Angst im Alltag begegnen

Der zweite Teil ist der **praktische Teil des Buches**.

Erinnerst du dich noch an die Geschichte vom Misthaufen? In diesem Teil lernst du zahlreiche Methoden kennen, die dir dabei helfen, diesen Misthaufen in deinen Garten zu tragen. Dabei bestimmst du dein Tempo. Sieh es wie eine Arbeitsaktion, auch wenn du nur eine kleine Menge pro Tag in deinen Garten bringst: Wichtig ist das Dranbleiben, denn du hast es verdient, dich an deinem blühenden Garten zu erfreuen.

Die einzelnen Übungen und Methoden sollen dir dabei helfen, dein Bewusstsein zu erhöhen, von Atemübungen zu körperlichen Übungen bis hin zu Gewohnheiten des täglichen Lebens. All das wird dich dabei unterstützen, die Angst Schritt für Schritt loszulassen. Manche Methoden erfordern einen längeren Zeitraum, bis sie wirken. Manche zeigen eine direkte Wirkung.

Die **praktischen Übungen und hilfreichen Tipps für die Umsetzung im Alltag** dienen dazu, dich sanft aus deiner Komfortzone zu holen und deine Grenzen zu erweitern. Im ersten Moment mag sich das vielleicht etwas unangenehm anfühlen. Das ist in Ordnung, solange du achtsam und liebevoll mit dir umgehst. Gestalte deine eigene Routine, so wie sie dir am besten passt. Frei nach dem Motto: Mach dir die Welt, wie sie dir gefällt.

Betrachte die im Folgenden vorgestellten Methoden und Strategien

als eine farbenfrohe Box mit vielen Spielzeugen. Such dir die Spielzeuge aus, mit denen du im Moment spielen willst.

Denke daran, deine Erfahrungen zu dokumentieren. Lenke dein Bewusstsein auf deine Gefühle. Spüre, wie es dir vor und nach den Übungen geht. Schreibe oder male deine Erfahrungen auf. Wenn dir eine bestimmte Übung gefallen hat - bleib dabei.

Und nun wünsche ich dir viel Freude mit deinen Erfahrungen!

So werden Ängste weniger bedrohlich

Liebe bringt Licht ins Dunkel, sodass die Schatten verschwinden.

Ängste aus der Vergangenheit sind wie innere Schatten. Es sind die ungewollten Anteile unserer Persönlichkeit, die wir aus unterschiedlichen Gründen in die Dunkelheit des Unterbewusstseins verbannt haben.

All die weggeschobenen Persönlichkeitsanteile sind noch immer da. Sie warten mehr oder weniger geduldig, wieder an die Oberfläche deines Bewusstseins zu gelangen. Die Angst macht dich auf diese vergessenen Seelenanteile aufmerksam. Lass uns zuhören, hinsehen und Liebe geben. Der wahre Weg zur Heilung ist Integration. Integriere all das, was zu dir gehört. Damit beendest du die Trennung und kommst wieder näher zur Vollkommenheit.

Der erste Schritt ist die Akzeptanz. Daher ist es wichtig, unerwünschte Ängste zunächst anzunehmen.

Auslöser und Eigenschaften der Angst

Angst ist ein gedankliches, feinstoffliches Konstrukt. Das bedeutet, dass sie nicht direkt sichtbar oder anfassbar ist. Das macht es etwas schwieriger, die Angst wie ein Objekt zu betrachten.

Um die Angst loszulassen, müssen wir sie also zunächst ergreifen. Wir können damit beginnen, die körperlichen Symptome der Angst zu beobachten. Folgende körperliche Symptome können sich zeigen, wenn Angst die Oberhand gewinnt:

- Kloß im Hals
- das Gefühl, zu ersticken
- Schluckbeschwerden
- Trockener Mund und Kehle

- Schwitzen
- Zittern
- Hitzewallungen
- Übelkeit
- Schmerzen
- Magenkrämpfe
- Verdauungsbeschwerden (z. B. Durchfall, Verstopfung oder Sodbrennen)

- Herzrasen
- Herzklopfen (beziehungsweise eine erhöhte Wahrnehmung deines Herzens)
- Gefühlte Enge im Brustbereich

- Das Gefühl, du wärst nicht du selbst
- Wahrnehmung, als würdest du deinen Körper verlassen
- Wahrnehmung der Irrealität (Umgebung oder bestimmte Situation erscheint als nicht real)

Welche dieser Symptome hast du schon an dir erlebt?

Erkenne die Angst

Oft ist es die Angst vor der Angst, die uns lähmt. Je besser du deine Angst begreifst, desto leichter wirst du sie verstehen. Das Monster ohne Name und Gestalt wird plötzlich (be)greifbar.

Nimm dir für diese Übung so viel Zeit, wie du brauchst. Sorge dafür, dass du ungestört bist. Mach es dir gemütlich. Du solltest dich sicher fühlen. Zünde eine duftende Kerze an. Kuschel dich in eine weiche Decke. Genieße einen heißen Tee. Setze dich entspannt hin und freu dich auf die Übung.

Erinnere dich an die letzte Situation, in der du Angst gespürt hast. Welche Situation war das? Beschreibe sie.
Stell dir nun vor, die Angst wäre in dieser Situation nicht da gewesen. Was tust du? Was sagst du? Wie reagierst du? Welche Entscheidung triffst du?

Wie fühlt sich die Angst an?

Wie sieht die Angst aus?
Welche Farbe hat die Angst?
Welche Form hat sie?
Wie fühlt sie sich an?
Wie groß ist sie?

An welcher Stelle in deinem Körper sitzt die Angst?

Spüre hinein. Bleibe bei ihr. Konzentriere dich dabei auf deine Atmung.

Danke der Angst, dass sie dich beschützen will.

Du hast sie wahrgenommen. Jetzt ist es Zeit, loszulassen. Verabschiede dich von ihr. Stell dir vor, wie ein wunderschönes, weißes Licht an die Stelle tritt, an der vorher die Angst war. Lass dieses heilsame, warme Licht der Liebe diesen Ort der Verletzung durchfluten. Stell dir vor, wie jede einzelne Zelle damit genährt wird. Lass dieses Bild in dir wirken.

Mit der Angst Frieden schließen

Indem wir gegen das Angstmonster kämpfen, machen wir es stärker. Vielleicht ist es Zeit, einen anderen Weg auszuprobieren. In ihrem Buch „Den Dämonen Nahrung geben" beschreibt die buddhistische Lehrerin Tsültrim Allione eine bemerkenswerte Methode, wie man Angst friedlich begegnen kann.

Die ursprüngliche Methode heißt Chöd und entstammt einer alten buddhistischen Tradition aus dem 11. JH. Sie wurde erstmalig von der buddhistischen Lehrerin Machig Labdrön erwähnt.

Tsültrim Allione beschreibt, dass unsere inneren Dämonen immer größer und dicker werden, weil „sie sich von der Energie unseres Kampfes gegen sie ernähren".[10]

Statt das Angstmonster zu ignorieren oder dagegen zu kämpfen, nähren wir es mit Liebe, Zuwendung und Fürsorge. Damit machst du es zu deinem Verbündeten. Blockierte Energie wird wieder freigelassen und kann somit sinnvoll genutzt werden.

---

10 Tsültrim Allione, Den Dämonen Nahrung geben. Buddhistische Techniken zur Konfliktlösung. 5. Auflage, Arkana München, Verlagsgruppe Random House 2009, S.73

Übung: Anfang[11]

Nimm dir für die Übung etwa 30 Minuten Zeit.
Begib dich an einen sicheren Ort, an dem du ungestört sein kannst.
Reserviere dir gegenüber auch einen Platz für dein Angstmonster.
Schließe nun deine Augen.
Atme 9 Mal tief in deinen Bauch hinein. Lasse mit jeder Ausatmung emotionale, körperliche und geistige Anspannungen vollständig los.

Führe die Übung mit der Intention der Befreiung und Heilung aller fühlenden Wesen auf diesem Planeten durch. Das schließt dich selbst mit ein und erweitert dein Mitgefühl auf alles, was dich umgibt. Diese Absicht führt zur Vollkommenheit und Verbindung.

1. Finde das Angstmonster.

Frage dich hierfür, was dich herunterzieht. Was raubt dir die Energie? Was möchtest du loslassen? Was beschäftigt dich schon seit langem?

Wenn du die Antwort gefunden hast, finde die Stelle in deinem Körper, an der sich das Angstmonster befindet. Wo ist es? Wie sieht es aus? Welche Farbe, Form, Temperatur hat es? Wie fühlt es sich an? Wie riecht es? Welche Laute gibt es von sich? Beobachte es.

11 vgl. ebd. S. 75 - 102 Original-Übung wurde abgewandelt.

2. Gib dem Angstmonster eine Form.

Wie groß ist es?
Welches Geschlecht hat es?
Wie fühlt es sich?
Wie sieht sein Körper aus?
Wie alt ist es?

Bleibe bei dem ersten Bild, das vor deinem geistigen Auge auftaucht. Stelle Augenkontakt mit dem Angstmonster her. Beobachte es. Sei dabei so konkret wie möglich. Frage es nun, was es braucht.
Was willst du?
Was brauchst du?
Wie wirst du dich dann fühlen?

Bevor du diese Fragen stellst, wechsle die Plätze. Begib dich auf den dir gegenüberliegenden Platz.

3. Übernimm die Rolle des Angstmonsters.

Du bist jetzt auf dem Platz des Angstmonsters.

Beende folgende Sätze stellvertretend für das Angstmonster:
Ich will …
Ich brauche …
Wenn ich das bekomme, fühle ich mich …

4. Füttere das Angstmonster.

Gehe wieder zurück zu deinem Platz.
Nimm dir Zeit und sei dir deines Körpers bewusst.
Stell dir nun vor, wie dein Bewusstsein sich erweitert.
Du beobachtest dich selbst aus der Vogelperspektive.

Visualisiere, wie dein Körper sich zu einem süßen Nektar verwandelt.
Dieser süße Nektar besteht aus all dem, was dein Angstmonster braucht.
Alle Gefühle und Emotionen sind in diesem Nektar enthalten.

Während du das beobachtest, ist dein Bewusstsein in Sicherheit und beobachtet.

Nun beobachtest du, wie das Angstmonster gefüttert wird, bis es vollständig satt und befriedigt ist. Verändert es seine Form? Löst es sich auf? Beobachte, was passiert.
Vielleicht verlässt es den Raum oder verwandelt sich. Vielleicht wird dein Angstmonster zu deinem Verbündeten. Frage nach, wie es dir in Zukunft helfen und dich beschützen wird; welche Geschenke es für dich bereithält.

Wechsle wieder den Platz und beende die folgenden Sätze stellvertretend für das Angstmonster:
Ich helfe dir, indem ich …
Ich beschütze dich, indem ich …
Das Geschenk, welches ich für dich habe, ist …

Geh dann wieder an deinen Platz.

5. Ruhe im Sein

Spüre, was jetzt ist. Dein Bewusstsein weitet sich in unendlicher Liebe aus. Bade dich darin und lass dich treiben. Wenn du dich bereit fühlst, komm ins Hier und Jetzt zurück.

Keine Chance dem Grübelmonster

Kennst du das Grübelmonster?
Es kommt scheinbar aus dem Nichts, heftet sich an deinen Geist und besetzt deine Gedanken mit dem festen Entschluss, dich nicht in Ruhe zu lassen.

Es stellt dir beunruhigende Fragen wie:

- Was glaubst du, wer du bist?
- Wieso solltest ausgerechnet du das schaffen?
- Wohin soll das alles noch führen?

Selbst, wenn alles gut zu sein scheint, taucht es auf und flüstert dir gemeine Dinge ins Ohr:

- Du hast es nicht verdient.
- Du bist nicht gut genug.
- Du wirst alles verlieren.
- Pass auf, sonst geschieht dir Schreckliches.
- Freu dich nicht zu früh.
- Du sollst den Tag nicht vor dem Abend loben.
- Mach dich nicht lächerlich.

Das Grübelmonster ist ein ungebetener Gast. **Probiere die folgenden Tipps aus, um es ihm so ungemütlich wie möglich zu machen.**

1. Wie du das Grübelmonster verhungern lässt

Die Nachrichten bestätigen es uns jeden Tag: Alles ist dem Untergang geweiht. Wie sollen wir denn noch Hoffnung schöpfen? Ein gemeinsames Gefühl der Verzweiflung entsteht, wenn wir uns die weltweit stattfindenden Krisen ansehen.

Für das Grübelmonster sind solche Schlagzeilen wie Schokolade und Chips. Es kann nicht genug davon bekommen und wird dadurch immer dicker.

Die Lösung?

Mache ein sogenanntes „News-Fasten"!

Beschäftige dich nicht mit Social Media und verzichte eventuell ein paar Tage lang auf die Nachrichten.
Schalte das Internet ab. Wenn es notwendig ist, informiere deine Freunde und Familie, dass sie dich für den Zeitraum nicht oder nur noch telefonisch in Notfällen erreichen können.
Checke deine Mails und Nachrichten zu festen Zeiten, einmal am Tag für 10 Minuten oder einmal pro Woche für 30 Minuten.

Ein ständiges Online-Sein und das übermäßige Konsumieren von Horrormeldungen sorgen dafür, dass dein Grübelmonster wächst. Dein Grundanspannungslevel steigt und Ängste werden leichter getriggert.
Ein hoher Grundanspannungslevel ist eine der Ursachen für Stress, Zukunftsängste, Grübeln und Sorgen.
Es ist, als wäre dein Glas immer voll. Jede neue Information bringt das Fass zum Überlaufen - ein wunderbarer Nährboden für Stress und Ängste.

Vermeide daher so gut wie möglich die Dauerbeschallung durch externe Nachrichten.

TIPP: Immer, wenn du auf dein Handy schauen willst, um deine Nachrichten zu checken oder durch die sozialen Medien zu surfen, vermeide es. Mache stattdessen eine kurze Achtsamkeits- oder Atemübung.

2. Ändere deine Perspektive

Das Grübelmonster liebt es, stundenlang Sorgen und Probleme zu wälzen. Es kann die Dinge nur von einer Seite betrachten - von der negativen. Allerdings hat alles mindestens zwei Seiten.

Beantworte dafür die folgenden Fragen:

- Welche positive, nützliche Seite hat es, wenn meine Sorgen sich bestätigen?
- Welchen Nutzen hat mein derzeitiges Problem?
- Inwiefern könnte diese Situation gerade perfekt sein?
- Bei Erfahrungen aus der Vergangenheit: Gab es einen nützlichen Anteil an diesem Erlebnis? Habe ich dadurch etwas Wertvolles gelernt? Bin ich hierbei jemandem begegnet, den ich sonst vermutlich nicht getroffen hätte?

3. Setze das Grübelmonster auf Diät

Du weißt jetzt, was das Grübelmonster liebt. Negative Schlagzeilen, Stress und Sorgen lassen es dick werden. Was bringt seine Pfunde zum

Schmelzen? Positive Gedanken und schöne Dinge! Füttere das Grübelmonster mit so vielen der unten aufgelisteten Dinge wie möglich.

Hier sind einige Möglichkeiten, wie dein Grübelmonster kleiner wird und sich schnell zurückzieht:

- Male mit bunten Fingerfarben auf eine Leinwand.
- Gehe barfuß über weiches Moos.
- Betrachte den Sonnenuntergang.
- Backe einen Kuchen.
- Pflücke duftende Blumen.
- Rufe deine beste Freundin an.
- Pflanze ein Bäumchen.
- Geh zum Frisör.
- Gönn dir einen Tag im Spa.
- Buche einen Kurztrip ans Meer.
- Höre deine Lieblingsmusik ganz laut und pfeif drauf, was die Nachbarn sagen.
- Schenke einer fremden Person ein Lächeln.
- Geh auf den Spielplatz und erfreue dich an der Lebendigkeit der spielenden Kinder.
- Lies ein inspirierendes Buch.
- Mache einen Workshop oder ein Seminar zu einem Thema, das dich schon immer interessiert hat.
- Lerne eine neue Sprache.
- Fahre mit dem Fahrrad durch den Wald.
- Massiere dir die Füße mit duftendem Öl.
- Geh ins Museum.
- Klatsche 30 Mal wie wild in die Hände.

- Sieh dir ein lustiges Video mit deinem Lieblingskomiker an.
- Schreibe dir selbst kleine Mutmacher-Botschaften und verteile sie überall in deiner Wohnung.
- Geh in einen Steinladen und besorge dir einen Handschmeichler.
- Lies nicht nur diese Liste, sondern tu tatsächlich etwas.

Erstelle dir jetzt deine eigene Liste mit Dingen, die du liebst und tu sie, wenn das Grübelmonster erneut erscheint!

4. Führe ein Grübelprotokoll

So findest du heraus, wann das Grübelmonster besonders gern an die Oberfläche kommt. Besorge dir ein Tagebuch und lege darin eine Tabelle mit folgenden Fakten an:

- Uhrzeit: Wann kommt das Grübelmonster am liebsten vorbei?
- Auslöser: Was ist der Anlass, zu dem es sich besonders eingeladen fühlt?
- Reaktion: Was genau tust du, wenn es auftaucht? Woran denkst du? Welche Gefühle steigen auf?

Führe das Protokoll für etwa einen Monat und lerne dein Grübelmonster dadurch besser kennen. Das Aufschreiben an sich kann bereits sehr helfen, weil du dir dadurch deiner Gedanken und Gefühle bewusstwirst. Und alles, was dir bewusst ist, wird sich automatisch wandeln.

5. Lade das Grübelmonster zur Therapiestunde ein

Manchmal ist es hilfreich, das Grübelmonster einzuladen und sich aktiv mit ihm zu unterhalten.
Nimm dir dafür einen Wecker und stoppe die Zeit. Ein Zeitraum von 20 Minuten sollte ausreichend sein.

Nun hör dem Grübelmonster zu. Lass es sich seine ganzen Sorgen, Probleme und Bedenken von der Seele reden. Wie Sigmund Freud sitzt du nickend mit einem verständnisvollen Lächeln daneben und machst dir Notizen.
Schreibe alles auf, was es zu sagen hat.

Du kannst dem Grübelmonster erlauben, dich täglich zu besuchen. Nach 20 Minuten setzt du es allerdings wieder vor die Tür. Schließlich hast du noch andere Dinge zu erledigen.

Bonus: Das hilft, wenn das Grübelmonster dir den Schlaf raubt

Diese Übung hilft dir, konstruktiv mit deinen Sorgen umzugehen, statt dich stundenlang im Bett hin und her zu wälzen. Sie dient dazu, dich selbst und deine sorgenvollen Gedanken ernst zu nehmen. Wenn dich das Grübelmonster also beim nächsten Mal nicht einschlafen lässt, probiere die folgenden 4 Schritte.

1. Erstelle eine Liste mit den Dingen, die dich beschäftigen, und schreibe sie nacheinander auf. Beschränke dich hierbei nicht, sondern lasse alles heraus, was dich bedrückt. Lasse neben und zwischen den einzelnen Punkten ein wenig Platz für weitere Notizen (siehe Schritt 3 und 4).

2. Worüber machst du dir am meisten Sorgen? Markiere den Punkt. Setze Prioritäten. Nummeriere deine Liste und beginne bei der Sache, die dich im Moment am meisten beschäftigt. Beginne bei der dringlichsten Sorge und arbeite dich bis zur kleinsten Sorge durch.

3. Schreibe nun mit einer anderen Farbe weiter. Welche Emotionen du spürst, wenn du an die Sorge denkst? Ist es Wut? Hass? Trauer? Bist du frustriert? Fühlst du dich hilflos? Schreibe es daneben.

4. To Do: Schreibe unter die Punkte, was du tun könntest. Was könnte dein nächster Schritt sein? Vielleicht kannst du einen Brief schreiben und ihn entweder abschicken oder verbrennen. Vielleicht kannst du einen Termin machen oder dir Unterstützung holen. Was auch immer dir in den Sinn kommt: Schreib es auf und nimm dir vor, dieses gleich morgen umzusetzen.

Keine Angst vor Zukunftsangsti

Der beste Kumpel des Grübelmonsters heißt Zukunftsangsti.

Wenn du dir **Sorgen über die Zukunft** machst, dann erzählst du dir selbst eine Geschichte, denn du kannst die Zukunft nicht vorhersagen. Du stellst bloß eine Mutmaßung darüber an, wie die Zukunft aussehen könnte.

Zukunftsangsti lässt dich ausmalen, was alles schiefgehen könnte. Schon beim Nachdenken wird dir alles zu viel. Er lässt dich schlimme Dinge denken, wie: *Ich hasse meinen Job und werde niemals meine Berufung finden. Nie werde ich eine erfüllende Beziehung führen können. Sicher betrügt mich mein Partner. Ich bin krank und werde niemals gesund sein. Alles geht den Bach herunter …*

Was bringt es dir, diesen Stimmen zu glauben? Alles, was du erreichst, ist, dir den gegenwärtigen Moment im Hier und Jetzt zu verderben. Vielleicht verursachst du mit solch destruktiven Gedanken genau die Zukunft, vor der du dich fürchtest. Glaube am besten nichts davon. Erschaffe stattdessen die Zukunft deiner Wahl.

Zukunftsangsti umstimmen

Wenn du Zukunftsangsti dabei erwischst, wie er mal wieder deinen Kopf mit Hiobsbotschaften verunreinigt, schreib diese Gedanken auf.

Wandel diese schlimmen Gedanken dann schriftlich in wundervolle Vorhersagen um. Schreibe deine eigenen, positiven Nachrichten.

- Ich werde auf ewig unglücklich sein = **Ich bin glücklich. Ich habe es verdient, Glück zu erfahren. Glück ist mein ständiger Begleiter. Ich bin ein Glückskind.**

Eine weitere Möglichkeit, mit den Botschaften von Zukunftsangsti umzugehen, ist die genauere Betrachtung der Themen. Stelle dir zum Beispiel folgende Fragen:

- Ist das wirklich die ganze Wahrheit?
- Welche positiven Aspekte gibt es trotz des Problems?
- Wie wahrscheinlich ist es, dass diese Sorge eintritt?

Hier sind einige Beispiele, wie du mit den oben genannten Botschaften umgehen kannst:

- *Ich hasse meinen Job und werde niemals meine Berufung finden.*

Erster Schritt: Okay, du hasst deinen Job. Gibt es auch Dinge, die dir gefallen? Die Arbeitszeiten? Die Kollegen? Die Bezahlung? Finde so viele Dinge wie möglich, die dir gefallen und für die du dankbar bist.

Wenn du deinen Job voller Hass kündigst, ist die Wahrscheinlichkeit hoch, dass dir beim nächsten Job genau dieselben Probleme begegnen werden. Es ist daher eine gute Idee, dich mit einer Energie der Liebe und Dankbarkeit vom gegenwärtigen Beruf zu verabschieden. Frei nach dem Motto: Danke, dass du die ganze Zeit für mich gesorgt hast. Ich ziehe nun weiter und mache Platz für einen Nachfolger, der sich über diesen Job freuen wird.

Zweiter Schritt: Du bist auf der Suche nach deiner Berufung? Schreibe all deine Talente auf; alles, was du gerne tust. Was ist dir in deinem Beruf wichtig? Wie viel möchtest du verdienen? In welcher Atmosphäre möchtest du arbeiten? Willst du in einem Büro arbeiten oder von zu Hause aus? Wie viele Kollegen sind für dich angenehm? Oder möchtest du lieber alleine arbeiten? Willst du dich für einen guten Zweck einsetzen? Was sind deine Werte und wie kannst du sie in deinem Beruf einbringen? Willst du mit deinen Händen arbeiten oder mit deinem Geist? Oder beides? Willst du Menschen etwas beibringen?

Schreibe all das auf. Je klarer du dir bist, desto besser. Verbringe jeden Tag mindestens 10 Minuten damit, deinen Traumjob, deine Berufung zu visualisieren.

Es ist natürlich einfacher, gemeinsam mit Zukunftsangsti ins Klagelied einzustimmen. Allerdings hat damit noch niemand seine Träume verwirklicht. Und es fühlt sich auch nicht besonders lebendig an.

- *Nie werde ich eine erfüllende Beziehung führen können* = Ich bin in einer glücklichen und erfüllenden Beziehung. Visualisiere das ähnlich wie bei der vorherigen Übung. Schreibe alles auf, was dir an deinem Partner wichtig ist. Frage dich dann: Bringe ich diese Eigenschaften selbst auch mit in die Partnerschaft? Wenn nicht, arbeite daran, diese in dir zu entwickeln. Übe Selbstliebe, das ist der sicherste Weg, auch von anderen Menschen geliebt zu werden.

- *Sicher betrügt mich mein Partner* = Ich bin dankbar für meinen treuen und loyalen Partner. Wenn mich mein Partner betrügt, ist das sein Problem. Ich verdiene einen ehrlichen Partner. Ich werde geliebt. Ich bin es wert, in einer wundervollen, ehrlichen und aufrichtigen Beziehung zu sein.

- *Ich bin krank und werde niemals gesund sein* = Ich bin gesund und voller Energie. Ich versorge meinen Körper mit frischen Lebensmitteln, die mich nähren. Ich gönne ihm viel Bewegung an der frischen Luft. Ich sorge dafür, dass ich mich regelmäßig entspanne. Ich lasse es nicht zu, dass Sorgen, Ängste und Stress meine Laune verderben. Ich bin dankbar für meinen Körper. Wenn ich in den Spiegel sehe, schenke ich mir ein liebevolles Lächeln und sage: Danke, dass es dich gibt!

- *Alles geht den Bach herunter* = Ich vertraue auf eine wundervolle Zukunft. Jeder Tag ist ein Geschenk. Ich bin voller Dankbarkeit für alles Lebendige in mir und um mich herum. Ich diene dem Leben voller Freude und Verbundenheit. Ich bin es mir wert, mein volles Potenzial zu entfalten.

Finde deine Lebensaufgabe

Gegen Zukunftsangsti hilft eine Lebensaufgabe. Lass dich von diesem gigantisch anmutenden Begriff Lebensaufgabe bitte nicht entmutigen.

Beantworte die folgenden Fragen schriftlich:

- Was ist deine Vision?
- Was sind deine Träume und Wünsche für die Zukunft?
- Wie fühlt es sich an, in dieser Zukunft zu leben?

Werde zum Detektiv deines Lebens. Begib dich auf die Suche nach Dingen, die dir Freude bereiten. Eliminiere Dinge, die das nicht tun und ersetze sie mit solchen, die dir Spaß und Freude machen.

Glück ist ansteckend. Probiere es aus. Erlaube dir, deiner Leidenschaft und deinen Talenten zu folgen.

Tabelle: Was macht dir Freude?

Was macht dir Freude und bringt dein Herz zum Klingen? Finde es heraus.

Auf einer Skala von 1 bis 10 (1 = kein Interesse, 10 = sehr viel Interesse): Wie viel Freude bereiten dir folgende Aktivitäten?

Schreiben		**Lesen**	
Malen / Zeichnen / Basteln		Kunstwerke betrachten / Besuche im Museum	
Singen / Musik machen		Konzertbesuche	
Schauspielern, Theater spielen		Theaterbesuche	
Handwerkliche Tätigkeiten			
Moderate Bewegung (Spazieren gehen, Schwimmen, Fahrrad fahren)		Wellness, Spa, Massagen	
Fitnessstudio (auch Fitnesskurse)		Yoga, Tai Chi, Qi Gong	
Tanzen		Tanzshows, Akrobatik, Zirkusbesuche	
Soziale Kontakte (Freunde treffen, telefonieren, Austausch mit anderen)		Zuhören (im Gespräch, Hörspiele, Podcast)	
Tiere (pflegen, füttern, streicheln, retten, kuscheln)		Tierdokus, Zoo, Wildpark	
Kreativ tätig sein, Gestalten		Serien, Sitcoms, Filme, TV-Shows	

Ergänze in den freien Feldern deine eigenen Ideen.

Die Tätigkeiten im linken Bereich der Tabelle sind eher aktiv, während die im rechten Bereich dagegen passiv sind. Dabei ist keine besser oder schlechter als die andere. Genauso wenig geht es darum, mit der Punktzahl einen Preis zu gewinnen. Die Verteilung der Punkte soll dir helfen, deine eigenen Interessen einzuschätzen.

Beantworte ergänzend folgende Fragen:

Tust du mehr im passiven oder im aktiven Bereich?
Würdest du gerne einmal etwas Neues ausprobieren?
Wenn ja, was wäre das?
Welche Aktivität würdest du gern mehr in deinen Alltag integrieren?

Deine Liste der Freude

Schreibe alles auf, was du liebst und was dir Freude bereitet.
Schreibe ebenfalls auf, was du nicht magst.

Dinge, die ich mag		Dinge, die ich nicht mag	

Kreuze alle Dinge an, die du in deinem Leben tust - sowohl die Dinge, die dir Freude bereiten, als auch die unliebsamen Tätigkeiten.

- Wie kannst du es schaffen, mehr von den freudvollen Dingen in dein Leben zu holen?
- Ist es wirklich notwendig, alle negativen und nachteiligen Tätigkeiten weiterhin zu tun?
- Falls ja: Was könnten nützlichen Aspekte der negativen Tätigkeiten sein?

Diese Fragen werden dich begeistern

Weißt du, warum unser Gehirn so fantastisch ist? Es ist wie besessen darauf, Antworten zu finden. Egal, auf welche Fragen.

Wenn wir uns zum Beispiel die folgenden Fragen stellen:

- Warum ist die Welt so ein furchteinflößender Ort?
- Warum passiert mir das immer?
- Womit habe ich das verdient?
- Was stimmt nicht mit mir?

Dann wird dein Gehirn überall nach Antworten suchen, die deine negative Annahme bestätigen. In der Hinsicht ist es relativ neutral. Es wird sich nicht neben dich setzen, dir liebevoll den Arm auf die Schulter legen und dich fragen, ob dein negatives Selbstbild denn wirklich der Realität entspricht.

Das musst du selbst tun. Dein Bewusstsein weiß, dass du ein unglaublich

machtvolles Wesen bist. Es weiß, dass du die Welt um dich herum erschaffst.
Also nimm dir eine Lupe und schau dir genau an, welche Fragen du dir stellst. Welche Grundannahmen über dich selbst stecken hinter den Fragen?

Warum passiert das immer nur mir?
Diese Frage impliziert, dass du ein Opfer der Umstände bist. Aber ist das wirklich wahr? Bist du wirklich vollkommen machtlos? Kannst du dir absolut sicher sein, dass du nichts tun kannst, um die Situation zu verbessern?

Gewöhne dich daran, die richtigen Fragen zu stellen. Das sind solche Fragen, die dich im Leben weiterbringen. Sie helfen dir bei deiner Entwicklung und ermutigen dich.

Achte also darauf, wie du dich fühlst, wenn du dir selbst bestimmte Fragen stellst. Fühlst du dich danach eher hilflos und machtlos? Entzieht dir die Frage Energie? Oder fühlst du dich machtvoll, aufgeregt und voller Vorfreude?

So stellst du die richtigen Fragen

Ganz allgemein gesprochen sind „Warum"-Fragen in den meisten Fällen nicht förderlich. „Wie- und Was"-Fragen eignen sich schon besser.

Hier sind einige Beispiele für Fragen, die deine Entwicklung fördern. Beantworte diese Fragen schriftlich. Beobachte, wie du dich dabei fühlst.

- Was brauche ich, um voller Vertrauen durch das Leben zu gehen?
- Wie kann ich es schaffen, diese Angst zu überwinden?
- Was kann ich heute tun, damit es mir bessergeht?
- Welche Unterstützung brauche ich dafür?
- Was kann ich gerade im Moment tun, um ...
- Welchen kleinen Minischritt kann ich jetzt gehen, damit ...
- Wann in der Vergangenheit hat das schon funktioniert, wovor ich derzeit Angst habe?
- Gibt es andere Menschen, die das erreicht haben, was ich mir wünsche? Welche Menschen sind das? Wie haben sie das geschafft? Könnte ich das auch mal versuchen?
- Wo könnte ich mir Unterstützung holen?
- Was brauche ich?
- Welches Bedürfnis steckt hinter dem Gefühl, was ich gerade habe?
- Wie kann ich mich heute glücklich machen?

So gehst du mit Blockaden um

Manchmal können die richtigen Fragen auch Angst machen, denn es würde bedeuten, dass du etwas tun musst. Es könnte zum Beispiel sein, dass du eine Entscheidung treffen musst, dich von jemandem oder etwas trennen solltest oder eine Grenze überwinden musst, die dich einengt.
An dieser Stelle kann ich dich beruhigen. Bedenke, dass du die Macht hast. Du bestimmst dein Tempo. Nur, weil du dir eine Frage stellst und dir die Antwort im Moment nicht gefällt heißt das noch nicht, dass du direkt in die Umsetzung gehen **musst.**

Allerdings ist es eine gute Idee, dir im Geiste auszumalen, wie dein Leben aussehen würde, wenn du diese Entscheidung triffst.

Die Angst vor Veränderung ist normal. Doch es ist oftmals gerade die Neuorientierung, die unser Leben bereichert. Auch eine Trennung von etwas, das dich behindert, kann sehr befreiend sein, obwohl es möglicherweise im ersten Moment weh tut.

Die Magie passiert nun mal außerhalb unserer Komfortzone. Dort stehen die Einhörner und werfen wild mit Feenstaub umher. Kannst du dich noch an die Geschichte mit dem Schmetterling erinnern? Manchmal ist es Zeit, den einengenden Kokon zu verlassen und zu fliegen.

Was wäre, wenn?

Bist du beim Fragen auf Blockaden gestoßen? Haben sich Zukunftsangsti oder das Grübelmonster eingemischt?

Trau dich, dir diese Fragen zu stellen. Stell dir vor, was passiert, wenn die Antwort eintrifft. Male es dir so genau wie möglich aus und schreibe es auf.

Schöne Momente sammeln

Erinnere dich an all die schönen Momente in deinem Leben.

Wann hast du dich so richtig glücklich und lebendig gefühlt?
Was waren die schönsten Erlebnisse?

- eine Geburt
- Urlaube
- Erfolge
- Meilensteine
- Freunde
- Bekanntschaften
- Erlebnisse
- Reisen

Erstelle eine Liste mit deinen persönlich schönsten Momenten. Schreibe alles auf, ALLES, was du bisher in deinem Leben Schönes erlebt hast.

Die Liste sollte griffbereit sein, damit du sie fortlaufend vervollständigen kannst.

Los geht´s!

Schreibe jetzt mindestens 5 Dinge auf, die dein Herz zum Klingen gebracht haben!

Kleine Träumerei gefällig?

Finde Fotos von den Ereignissen, die dir Freude gemacht haben. Gibt es sonstige Andenken? Eintrittskarten? Du kannst auch Bilder von deinen schönen Erlebnissen malen.

Auftrag 1: Fertige eine Collage von den schönsten Ereignissen aus deinem Leben an.

Häng dir das Poster **„Mein Leben“** an die Wand, damit du es immer siehst.

Auftrag 2: Vision Board mit Ereignissen in der Zukunft

Du hast dich bislang mit den Ereignissen deiner Vergangenheit beschäftigt.

Erstelle jetzt eine Liste (Bucket List) mit allen Dingen, die du noch erleben willst.

- Wo willst du hinreisen?
- Wen willst du noch treffen?
- Was willst du unbedingt noch tun?
- Was willst du erschaffen?

Limitiere dich hier nicht selbst. Lass deinen Verstand nicht dazwischenfunken: Das schaffst du nicht, wo denkst du hin, du bist ein Träumer, eine hoffnungslose Träumerin etc.

Mache diese Stimme in dir freundlich, aber bestimmt darauf aufmerksam, dass sie jetzt Sendepause hat: **Danke für deinen Kommentar. Ich mach dann mal weiter :)**

Hol dir Prospekte, male Bilder, schneide Fotos von Orten aus, die du besuchen willst. Stell dir lebhaft vor, wie du durch die Straßen von Rom gehst, in einem Segelboot an verträumten Ufern vorbei schipperst, an einem idyllischen Sandstrand liegst oder barfuß durch einen plätschernden Fluss läufst. Spüre die Sonne und den Wind auf deiner Haut.

Lass deiner Kreativität freien Lauf. Stell dir vor, es gibt kein Limit. Keine Beschränkung, Keine Ängste. Alles ist möglich.

Erstelle dein Vision Board der Zukunft und hänge auch dieses Poster an deine Wand.

Wenn du den Impuls verspürst, buche einfach deine Reise oder mach kleinere Schritte. Informiere dich im Reisebüro. Sieh dir Videos an. Lies Bücher über dein Ziel. Lies Biografien von Menschen, die das bereits gemacht haben, was du vorhast. Du musst ja nicht sofort alles über den Haufen werfen und aufs Ganze gehen.

Du darfst in deiner Komfortzone bleiben. Von da aus darfst du träumen. Alles ist erlaubt. Die Gedanken sind frei. Warum solltest du sie freiwillig an Orte schicken, die gruselig sind? Warum sie nicht dorthin schicken, wo es dir gefällt?

To Do: Verbringe mehr Zeit mit Dingen, die dir Freude bereiten.

Angst nachhaltig begegnen: Finde deinen Rhythmus

Hast du manchmal das Gefühl, du hättest dein Leben nicht unter Kontrolle? Alles ist ein unübersichtliches Durcheinander? Die Gefühle überschwemmen dich wie eine riesige Welle? Du verlierst den Boden unter deinen Füßen und fällst in ein riesiges, schwarzes Loch?

Sehnst du dich nach Sicherheit und Klarheit?

Vielleicht hast du bisher noch keinen Weg gefunden, dein Bedürfnis nach Sicherheit zu befriedigen.

Wie findest du einen Weg, dein Leben so zu strukturieren, dass du Zufriedenheit, Glück, Liebe, Freiheit und FREUDE anstelle von schmerzhaften Erfahrungen erfährst?

Stoppe die Dinge, die dich wie ein Opfer fühlen lassen. Streiche die Dinge aus deinem Tagesablauf, die dich kraftlos machen.

Das bedeutet: Lies nicht das Buch oder den Artikel, schau nicht die Serie oder den Horrorfilm, der dir die Kraft raubt. Eliminiere alles, was dich so fühlen lässt, als würde das Leben dich überrollen. Du hast die Kontrolle darüber, was du hereinlässt und was nicht.

Richte deine Aufmerksamkeit auf all die Dinge, die dich sicher und kraftvoll fühlen lassen.

Durch folgende Maßnahmen erschaffst du einen perfekten Nährboden für ein ausgeglichenes Leben, in der Angsti nicht die Oberhand gewinnt.

9 goldene Regeln für einen erfüllten Tag

Jeder Tag ist wie ein kleines Leben. Du hast jeden Tag eine neue Chance, dieses kleine Tagesleben mit Liebe und Lebendigkeit zu füllen. Tu was nötig ist, um dich selbst gut zu fühlen! Denn du hast es verdient.
Hier findest du die 9 goldenen Regeln für einen erfüllten Tag.
Dadurch reduzierst du dauerhaft deinen Stresslevel. Erschaffe eine Struktur, die dir gleichzeitig Sicherheit und Freiheit gibt. Erfülle deine Bedürfnisse.

1. Schlafen wie Dornröschen

Ausreichend Schlaf ist wichtig. Er reduziert den Stresslevel und sorgt dafür, dass du dich ausgeglichen fühlst.

Hast du Probleme beim Einschlafen?

Wenn Zukunftsangsti und das Grübelmonster mal wieder nicht schlafen können, legen sie sich gerne zu dir ins Bett und flüstern dir ihre Probleme ins Ohr. Aber das ist nicht dein Problem! Sage Stopp! Und schick sie zurück in ihr eigenes Bett.

Probiere die folgenden Einschlaftipps:

- Konzentriere dich stattdessen auf deine Atmung und deinen Körper. Atme 4 Sekunden lang ein, halte den Atem 7 Sekunden und atme 8 Sekunden lang aus.

- Eine Decke mit eingenähten Gewichten kann außerdem beim Einschlafen helfen.
- Verzichte mindestens zwei Stunden vor dem Schlafen gehen auf Smartphone, Laptop und TV.
- Trinke einen Lavendeltee.
- Lege vor dem Schlafen gehen eine entspannende Yin Yoga Session ein.
- Massiere dich selbst sanft mit warmem Öl, bevor du ins Bett gehst.
- Sorge für Ruhe und Entspannung gegen Ende des Tages. Aufregende Dinge solltest du schon vorher erledigt haben.

Tipp: Indischer Ginseng (Ashwagandha) soll bei Schlafstörungen wie unruhigem Schlaf, Einschlafschwierigkeiten sowie bei Angst und Panikattacken eine unterstützende Wirkung haben. Es wird seit jeher in der jahrtausendealten ayurvedischen Medizin angewendet und erfreut sich mittlerweile auch im Westen großer Beliebtheit.

„Schlaf schön“ Meditation

Übe diese Abendmeditation immer, wenn du ins Bett gehst:

- Du sitzt auf deinem Bett.
- Es ist dunkel.
- Deine Augen sind geöffnet.
- Beobachte alles um dich herum. Gib den Dingen keinen Namen. Bleibe bei der reinen Beobachtung der Formen.
- Schließe nun deine Augen. Die Welt um dich herum verschwindet.
- Richte deine Aufmerksamkeit nun auf die Geräusche. Lausche ohne zu bewerten und einzuordnen. Welche Töne nimmst du wahr?
- Richte den Scheinwerfer deiner Aufmerksamkeit nun auf deinen Atem. Beobachte, ohne zu bewerten. Verändere deine Atmung nicht. Bleibe bei der Beobachtung.
- Lasse nun deinen Tag Revue passieren. Vor deinem geistigen Auge erscheinen Blitzlichter der heutigen Momente. Beginne bei dem Moment, an dem du erwacht bist und lasse dich von den Blitzlichtern bis zum jetzigen Moment leiten. Mit jeder Einatmung erscheint ein neuer Moment. Mit jeder Ausatmung geht dieser Moment wieder.
- Du bist nun im jetzigen Moment angekommen. Verweile für einen Moment in deinem Gewahrsein. Beobachte deinen Atem. Spüre deinen Körper. Beobachte deine Emotionen. Lass mit jeder Ausatmung los. Der Tag ist nun vorbei. Lass los.
- Leg dich nun sanft hin und bleibe bei deinem Atem. Beobachte, wie er kommt und wieder geht. Alles ist im Fluss. Beobachte, wie die Dinge kommen und wieder gehen. Lass los.

Tipp: Nimm diese Meditation auf und höre sie vor dem Einschlafen, wenn dir das leichter fällt. Probiere es einfach mal aus.

Zu der „Schlaf schön Meditation“ gehört die folgende „Guten Morgen Meditation“. Praktiziere beide Meditationen für mindestens 100 Tage.

„Guten Morgen“ Meditation

Mach dir das Aufwachen angenehm. Ein guter Start bestimmt maßgeblich die Qualität des Tages. Verzichte daher auf einen schrillen Wecker. Besorge dir stattdessen eine Tageslichtlampe. Sie weckt dich sanft und natürlich. Oder versuche einmal, ohne Wecker aufzustehen.

- Nachdem du aufgewacht bist nimm dir 5 Minuten Zeit.
- Lasse die vergangene Nacht Revue passieren.
- Hattest du einen Traum? Spiele ihn in deinen Gedanken noch einmal durch. Welche Gefühle kannst du wahrnehmen?
- Lasse nun die Erlebnisse der vergangenen Nacht los.
- Werde dir des neuen Tages gewahr. Der Zyklus beginnt von Neuem. Die Sonne geht auf und ein brandneuer Tag wird geboren. Eine neue Chance.
- Stell dir vor, wie die Sonnenstrahlen dieses brandneuen Tages zuerst in deine Zehen und Füße strömen und sich von dort aus in deinem ganzen Körper ausbreiten. Die frische Energie durchflutet jede einzelne Zelle deines Körpers. All deine Organe haben sich während der Nacht regeneriert und füllen sich mit der neuen Energie des Sonnenlichts. Du bist nun von den Zehen bis in die Haarspitzen mit frischer Lebensenergie durchflutet.
- Stell dir vor, wie der Tag ablaufen soll. Wenn du eine Herausforderung zu meistern hast, dann glaube daran, wie du sie mit Bravour meisterst. Male dir deinen idealen Tag aus.
- Schenke dir selbst ein liebevolles Lächeln und beginne den Tag.

2. Stress und Anspannung einfach loslassen

Senke den Level deiner Grundanspannung, indem du kleine Brandherde der Anspannung löschst.

Achte auf einen angemessenen Wechsel zwischen Anspannung und Entspannung. Immer, wenn du eine stressige Phase der Anspannung hinter dich gebracht hast, sorge für einen entspannenden Ausgleich.

No Go: Vermeide Nikotin, Alkohol, psychoaktive Drogen und den übermäßigen Medienkonsum, um dich zu entspannen. Das mag kurzfristig helfen, sorgt langfristig allerdings dafür, dass dein Grundanspannungslevel eher steigt als sinkt.

Ersetze diese Gewohnheiten mit Dingen, die dich wirklich entspannen. Geeignet sind zum Beispiel die folgenden Dinge:

+ Yoga
+ Meditation
+ Achtsamkeitsübungen
+ Bewegung (Spaziergänge, Schwimmen, Pilates)
+ Massage
+ Sauna
+ ein entspanntes Bad
+ ein Gespräch führen

Auch zwischendurch kannst du für Entspannung sorgen, indem du diese kleine Achtsamkeitsübung durchführst:

Achtsamkeit gegen Stress im Alltag

Dir fällt die Decke auf den Kopf? **Wenn dir alles zu viel wird** hilft dir diese Übung gehen Stress, Angst und Gedankenchaos.
Führe sie immer aus, wenn du merkst, dass deine Anspannung steigt. Du brauchst dabei nicht die Augen zu schließen. Das Gute: Du kannst diese Übung in allen möglichen Situationen machen: beim Abwaschen, in der Mittagspause, auf dem Spielplatz oder beim Putzen. Sie funktioniert sogar, wenn Menschen in der Nähe sind.

Los geht´s!

+ Lenke die Aufmerksamkeit auf deine Hände. Nimm sie wahr. Was tun sie? Wie bewegen sie sich? Wie sehen sie aus? Sind sie kalt? Feucht? Trocken? Warm? Entspannt? Angespannt? Versteinert? Kribbeln sie?

+ Lenke deine Aufmerksamkeit nun darauf, was deine Hände gerade tun.
+ Fühlst du die Oberfläche, die sie berühren? Sei dir jeder Berührung deiner Finger und Hände bewusst. Wie fühlt sich die Oberfläche an? Weich? Kalt? Rau? Glatt?
+ Spüre komplett, was du gerade tust und komme mit deinem Bewusstsein dort an.

Du kannst dabei genau das weitermachen, was du gerade ohnehin tust. Beobachte einfach nur, was passiert. Achte dabei gleichzeitig auf deine Atmung.

3. Glücksnahrung

Ernährung macht einen sehr großen Teil unseres Lebens aus. Dabei hat das, was wir essen, größeren Einfluss auf unsere Stimmung, als wir oftmals denken.

Angst und Stress sorgen für Verdauungsprobleme wie Verstopfung oder Durchfall. Achte daher auf leichte Kost. Iss lieber mehrere kleine Mahlzeiten über den Tag verteilt. Damit entlastest du deine Verdauung und vermeidest Heißhunger.

Halte dich von Diäten fern. Hunger ist gleichbedeutend mit einem niedrigen Blutzuckerspiegel. Dieser triggert Stress und Angst, weil dadurch das Stresshormon Cortison ausgeschüttet wird. Halte dich stattdessen lieber an den goldenen Mittelweg: Nicht zu viel und nicht zu wenig.

No Go: Vermeide raffinierten Zucker, Fertigprodukte, frittierte Lebensmittel und Koffein. Auf den Konsum solltest du ganz verzichten beziehungsweise sie auf ein Minimum reduzieren.

Meiner Erfahrung nach ist es am besten, alle schädlichen Dinge komplett zu eliminieren, die dich bei der Erreichung deiner Ziele hindern.

Gönn deinem Körper stattdessen eine ausgewogene, vollwertige und pflanzliche Ernährung. Diese Nahrungsmittel sind perfekt geeignet:

+ Nori Algen
+ Vollkornprodukte (Reis, Nudeln, Brot)
+ Kimchi
+ Quinoa
+ Bittere Schokolade
+ Baubeeren
+ Maca Wurzel
+ Leinsamen/ Leinsamenöl
+ Kürbiskerne/ Kürmiskernöl
+ Nüsse
+ Edamame
+ Vitamine B12, B6 und Omega-3-Fettsäuren
+ Kamille
+ Obst und Gemüse aus biologischem Anbau
+ Kurkuma
+ Grüner Tee
+ Zink
+ Magnesium

4. Hallo Freiheit!

„Loslassen gibt uns Freiheit, und Freiheit ist die einzige Voraussetzung für Glück. Wenn wir in unserem Herzen immer noch an irgendetwas festhalten - an Zorn, Angst oder Besitztümer - können wir nicht frei sein."

Thich Nhat Hanh (1926)

Die meisten Dinge, die wir in unserem Leben angehäuft haben, brauchen wir nicht. Dadurch werden die vermeintlichen Bereicherungen zur Belastung. Sie ziehen uns energetisch herunter, lassen uns schwer und unflexibel werden.

Kennst du die Aufräum-Methode von Marie Kondō? Dabei sollst du jedes Teil in deinem wohnlichen Umfeld in die Hand nehmen und dich fragen, ob es dir Freude bereitet. Wenn die Antwort „Nein" lautet, ist es Zeit loszulassen.

Wäre es nicht schön, nur noch die Dinge in deinem Leben zu haben, die dir Freude bereiten?

Loslassen üben

Setze oder lege dich entspannt hin. Lasse in dir etwas aufsteigen, was freigegeben werden möchte. Das können Gedanken, Beziehungen, Gegenstände, Gewohnheiten, Zukunftspläne oder Verhaltensweisen sein. Beobachte den ersten Gedanken, der in dir hochkommt. Was ist es? Es ist Zeit loszulassen.

Verabschiede dich in Dankbarkeit. Danke dem, was du loslässt bewusst und liebevoll für die Zeit, die es in deinem Leben war. Nun ist die Zeit, es freizugeben.

Befreie dich von belastenden Dingen

Nimm dir in der folgenden Woche jeden Tag einen Teil deines Wohnbereichs vor, den du kategorisch von Dingen befreist, die du nicht mehr brauchst oder die dir keine Freude mehr bereiten. Das betrifft deinen Kleiderschrank, die Ablage deines Schreibtisches, deinen Keller, den Dachboden und sämtliche Schubladen und Schränke.

Du kannst die Dinge verschenken, verkaufen oder verbrennen. Möglicherweise wird das manchmal nicht leicht sein. Aber umso befreiter wirst du dich danach fühlen. Indem du das Loslassen übst, wird sich dein Leben verändern.

Angstvolle Gedanken loslassen

Schreibe deine Ängste, Sorgen und negativen Gedanken auf einen Zettel und verbrenne ihn. Feuer hat seit Anbeginn der Menschheit eine unwiderstehlich anziehende Wirkung. Das Verbrennen unterstützt dich im Prozess des Loslassens und wirkt unglaublich transformierend. Wiederhole dein kleines Ritual, wann immer du magst. Führe es durch, wenn du dich bedrückt fühlst, schwermütig, traurig oder einsam. Das Feuerritual kann hierbei sehr heilsam wirken.

5. Die heilsame Kraft der Ruhe

Stille sorgt dafür, dass es laut wird - und zwar in dir. Du wirst vermutlich viele **Gedanken** erst richtig wahrnehmen. Keine Sorge, das lässt mit der Zeit nach.

Außerdem machst du die Erfahrung, dass deine Gedanken dir nicht schaden können. Es sind immerhin nur Gedanken. In der Regel richten sie nur dann Schaden an, wenn du sie in Handlungen umwandelst. Schädliche Gedanken führen zu nachteiligen Handlungen.
Die meisten deiner Gedanken finden unbewusst statt. Der Zusammenhang zwischen erdrückenden Gedanken, negativen Emotionen und den daraus folgenden schädlichen Handlungen ist uns daher oftmals nicht klar.

Schlechte Gedanken führen zu schmerzhaften Emotionen wie Wut, Trauer, Scham oder Schuld. Hinzu kommt, dass solche Gedanken Süchte begünstigen können. Weil sie negative Emotionen hervorrufen, die du nicht spüren willst, betäubst du dich mit Drogen, die dich besser fühlen lassen. Das müssen nicht immer illegale Drogen sein. Alkohol, Nikotin, Zucker, die Sucht nach sozialen Medien, nach Unterhaltung - all das lindert den innerlich erlebten Schmerz.

Diese Ablenkungen zerstreuen die Langeweile, die schwer über der inneren Leere liegt. Doch das Gefühl der inneren Leere ist eine Illusion. Lasse deine Gedanken zu. Gib dir selbst die Erlaubnis, deine Gefühle zu erleben.

Raum der Stille

Schenke deinem Innenleben Beachtung. Dadurch stärkst du dein Selbstwertgefühl und die Selbstliebe. Gönne dir daher täglich den Raum der Stille und höre einfach zu.

Nimm dir jeden Tag 10 Minuten Zeit und lausche in dich hinein. Welche Gefühle kannst du spüren? Wo in deinem Körper spürst du sie? Atme sanft in deine Emotionen hinein.

6. Freude an der Bewegung

Bewege dich mit Freude und ohne Leistungsdruck. Es geht nicht darum, ein Ziel zu erreichen. Suche dir eine Sportart aus, die dir wirklich Freude bereitet und genieße es!

Oder wie wäre es mit einem Kurs in Selbstverteidigung, wie zum Beispiel die israelische Kampfsportart Krav Maga? Das stärkt dein Selbstvertrauen und dein Selbstbewusstsein.
Achte nach anstrengenden Sporteinheiten auf ausreichend Entspannung.

Meine Tipps:

Probiere doch einmal Yoga, Tai-Chi und Qi Gong aus. Diese Bewegungsformen beruhigen deinen Geist und können positive Auswirkungen auf dein Selbstbild haben.

Beim **Yoga** verbindest du ruhige, sanfte Bewegungsabläufe mit deiner Atmung. **Yin Yoga** eignet sich besonders gut, um zur Ruhe zu kommen. Hierbei verweilst du für längere Zeit in einer Pose. Du hast die Möglichkeit, deinen Körper genau kennenzulernen, während du in der Pose verweilst und deine ruhige und tiefe Atmung beobachtest.

Wenn du mehr Aktivierung brauchst, weil du dich müde und schlapp fühlst, ist **Hatha Yoga** eine gute Alternative. Auch hier werden traditionell die Posen länger gehalten.

Bewege dich an der frischen Luft. Verbringe Zeit in der Natur. Atme hier tief ein. Genieße es. Mache Achtsamkeitsübungen im Freien.

Dabei musst du nichts tun. Höre, schaue, fühle, schmecke, ertaste … Verschmelze mit der Natur. Du bist mit allem verbunden.

Du bist eins mit der Natur. Du bist richtig hier. Du bist genug. Lege dich in den Sand und sinke ein. Lass dich von der Erde tragen. Spüre die Liebe, die dir Mutter Erde entgegenbringt.

7. Gemeinsam statt einsam

Isolation kann Ängste verstärken. Verbringe daher einen Teil deiner täglichen Zeit in der Gesellschaft von anderen Menschen. Oftmals löst Angst das Verhalten aus, eine Rolle zu spielen, die Angst zu verbergen und sich zurückzuziehen. Rede mit anderen über deine Sorgen und Ängste. Das kann sehr entlastend wirken. Dadurch wird die Bindung gestärkt und Ängste verringert.

Achtsam unter Menschen

Beobachte dich selbst, während du unter Menschen bist. Beobachte die Beziehungen, Freundschaften und Gemeinschaften in deinem Leben.

Wie geht es dir damit?
Kannst du dich zeigen, wie du wirklich bist?
Hast du das Gefühl, dich öffnen zu können?
Gibst du dir selbst die Erlaubnis, du zu sein?
Gibt es Situationen, in denen du dich nach einem bestimmten Kontakt unwohl oder ausgelaugt fühlst?

Der Zauber des Anfangs

Lerne etwas Neues und lerne vor allem neue Leute kennen. Das stärkt dein Selbstwertgefühl und dein Selbstbewusstsein gleichermaßen.

Hier eine Auswahl für mögliche Themen:

- Kochen
- Yoga
- Meditation
- Achtsamkeitskurse
- „Nein“ sagen lernen
- Sprachkurs (vielleicht sogar im Land deiner Wahl)

Erstelle eine Liste mit Dingen, die dich interessieren. Suche dann entsprechende Seminare, Workshops und Retreats heraus und entscheide dich für etwas.

8. Schreib´s dir von der Seele

Eine hilfreiche Gewohnheit ist das Führen von verschiedenen Tagebüchern. Am Anfang des Buches habe ich vorgeschlagen, dass du dir ein Angsttagebuch anlegst. Es gibt daneben noch weitere Möglichkeiten, dein Leben zu reflektieren und deine Gedanken zu ordnen.

Ein Mittel, welches viele Menschen lieben, ist das **Dankbarkeitstagebuch**. Hier schreibst du jeden Tag mindestens 5 Dinge rein, für die du dankbar bist. Du kannst das gleich am Morgen tun oder auch am Abend. Wichtig ist allerdings, dass du es täglich machst. Damit bringst du deinem Gehirn bei, nach den Dingen zu suchen, für die du dankbar bist. Auch, wenn du das Dankbarkeitstagebuch nur 5 bis 10 Minuten am Tag führst - dein Gehirn lernt im Laufe der Zeit, für diese Dinge sensibler zu werden.

Ähnlich ist es mit dem **Erfolgstagebuch**. Schreibe täglich 5 Dinge auf, die gut gelaufen sind. Hast du etwas erledigt? Ein Kompliment bekommen? Eine Angst überwunden? Eine Übung aus diesem Buch gemacht? Schreibe am Ende des Tages alle Erfolge auf. Auch hier wird dein Gehirn während des Tages sensibilisiert, auf Dinge, die du geschafft hast.

Darüber hinaus kannst du ein **Erkenntnistagebuch** anlegen. Hier schreibst du alles hinein, was nicht nach deinen Vorstellungen gelaufen ist. Dennoch gibt es sicherlich etwas Positives an der Sache. Was hast du daraus gelernt? Was könntest du beim nächsten Mal anders machen? Wie hätte die Situation idealerweise laufen können? Indem du dich näher damit befasst, lernst du einerseits, die Dinge aus einer anderen Perspektive zu betrachten. Andererseits bringst du deinem Gehirn lösungsorientiertes Denken bei.

Ein Tagebuch, welches ich besonders schön finde, ist das **Traumtagebuch**. Darin kannst du natürlich deine Träume verewigen, die du in der Nacht hattest. Allerdings kannst du es auch um deine Tagträume erweitern. Was wäre, wenn du einen Zauberstab hättest und alles möglich wäre? Was sind deine Träume für die Zukunft? Wünsche und Visionen? Es gibt keine Grenzen. Lass deinen Träumen Flügel wachsen und schreibe so, als wäre der Traum bereits in Erfüllung gegangen. Schreibe in der Gegenwart. Beobachte dabei, wie du dich fühlst. Das ist übrigens eine sehr schöne Übung, um Ängste zu vermindern.

Wenn du dich einmal so richtig mies fühlst, dann kann ein **Frusttagebuch** hilfreich sein. Schreibe hier ungefiltert alles auf, was dich im Moment belastet. Bist du wütend auf jemanden? Lass alles heraus. Begrenze dich nicht. Schimpfwörter sind ausdrücklich erlaubt. So befreist du dich von emotionalem Ballast. Es kann äußerst entlastend sein, die Seiten danach zu zerreißen oder zu verbrennen.

9. Geheimwaffe Entspannung

Hast du schon einmal etwas vom Vagusnerv gehört? Falls nicht, wird es höchste Zeit!

Der Vagusnerv verbindet dein Gehirn mit wichtigen Organen wie Herz, Darm und Lunge. Er ist Teil deines parasympathischen Nervensystems, auch Parasympathikus genannt. Dieser Teil des zentralen Nervensystems ist aktiviert, wenn du ruhig und entspannt bist.

Der Gegenspieler des Parasympathikus ist das sympathische Nervensystem, der Sympathikus. Dieser Teil ist aktiviert, wenn du Angst und Panik hast. Viele der in diesem Buch beschriebenen Methoden zielen darauf ab, den Vagusnerv entweder aktiv oder passiv zu stimulieren. **Du aktivierst den Vagusnerv zum Beispiel mit Meditation, Atemübungen, Achtsamkeitsübungen, Loslassen und Selbstliebe.**

Daher ist es wichtig, möglichst viele der hier beschriebenen Methoden in deinen Alltag zu integrieren. Im Laufe der Zeit und mit ein wenig Geduld wird sich dein Leben so Schritt für Schritt hin zum Ausgleich bewegen.

Aktiviere deinen Vagusnerv

Den Vagusnerv kannst du einfach aktivieren.

Es geht fast so leicht, als würdest du einen Knopf drücken, der dich entspannt.

Lies dir die Anleitung der folgenden 3 Punkte durch. Lege gleich danach das Buch weg und probiere alle 3 Übungen der Reihe nach aus.

Hier sind 3 einfache Möglichkeiten:

1. **Summen** aktiviert den Vagusnerv, da er mit den Muskeln des Kehlkopfes sowie den Stimmbändern verbunden ist. Atme tief in den Bauch ein und entlasse die Luft mit einem entspannenden Summen. Wiederhole den Vorgang 12 Mal.

2. **Lachen** ist gesund und aktiviert ganz nebenbei den Vagusnerv. Sieh dir einen lustigen Film an, geh unter Leute, besuche eine Show deines Lieblingskomikers.

3. Schließe die Augen. Betrachte entspannt die Innenseiten deiner Lider. Richte den Blick auf die Mitte. **Beobachte, was du siehst.** Welche Farben und Formen tauchen auf?

Weitere Möglichkeiten, deinen Vagusnerv zu aktivieren:

- Meditation
- Atemübungen
- Achtsamkeitsmeditation
- eine gesunde und ausgeglichene Lebensroutine
- Liebe
- Mitgefühl
- Verbundenheit

Beispiel für einen Angstfreien Tag

Gib dir selbst die Erlaubnis, deinen Tag so zu gestalten, dass du dich wohl und sicher fühlst. Wenn die Basis des Gefühls einer Grundsicherheit

erst einmal da ist, dann kannst du kleine Schritte aus deiner Komfortzone herausgehen.
Das hier sind übrigens nur Vorschläge. Du kannst sie zur Hilfe nehmen. Fühl dich frei, sie nach deinen Bedürfnissen zu verändern und weiterzuentwickeln.

Entwickle eine Strategie für deinen perfekten Alltag. Nimm dir die Freiheit, verschiedene Dinge auszuprobieren und schau, wie du damit zurechtkommst.

1. Reflektiere die vergangene Nacht im Bett (siehe Übung „Guten Morgen Meditation").

2. Starte deinen Tag frisch und munter mit der „Power Morgen Meditation":

Power Morgenmeditation

Führe diese Meditation immer durch, nachdem du aufgestanden bist.

- Komm in eine sitzende Haltung. Die Handflächen zeigen nach oben.
- Schließe deine Augen.
- Beobachte deinen Atem, wie er kommt und geht.
- Achte auf deine körperlichen Empfindungen, auf deine Gedanken, wie sie kommen und gehen.
- Du bist Beobachter und im gegenwärtigen Moment völlig präsent.

- Versuche, nichts festzuhalten. Lass alles kommen und wieder gehen - wie deinen Atem.
- Richte deine Aufmerksamkeit von deinem körperlichen Erleben auf die Töne und Klänge um dich herum. Halte dich auch hier nicht an etwas fest, sondern beobachte.
- Werde dir nun wieder deiner Atmung bewusst.
- Rufe dann eine bestimmte Emotion in dein Bewusstsein (z. B. Liebe). Zur Unterstützung kannst du dir ein Objekt vorstellen, welches du mit dieser bestimmten Emotion verbindest. Das kann ein Bild sein, eine Person, ein Tier oder ein Ort. Beobachte, wie diese Emotion entsteht, für eine Weile bleibt und schließlich wieder geht.
- Richte deine Aufmerksamkeit nun auf deinen Herzschlag. Wie fühlt es sich an? Spüre das Pulsieren deines Herzens. Stell dir vor, wie dein Herz deinen gesamten Körper mit purer Lebenskraft durchflutet.
- Richte deine Aufmerksamkeit jetzt auf deine Fingerspitzen. Spürst du das Pulsieren in ihnen? Spürst du ein sanftes Kribbeln der Lebensenergie?
- Richte nun deine Aufmerksamkeit auf deinen Bauchraum. Beobachte, wie sich dein Bauch bei jeder Ein- und Ausatmung bewegt.
- Richte nun dein Bewusstsein wieder auf deinen Brustbereich. Lege eine Hand darauf.
- Stelle dir nun die Frage: Wer bin ich? Was bin ich? Beobachte, welche Antwort in dir aufsteigt. Kommen dir bestimmte Bilder, Erkenntnisse oder Empfindungen in den Sinn?
- Stelle dir nun die Frage: Was brauche ich? Welche Antwort, Erkenntnis oder Empfindung kannst du beobachten?
- Wofür bin ich dankbar?
- Welche Rollen spiele ich in meinem Leben? (Mutter, Kind, Angestellte, Selbstständige, Frau, Mann, Freundin, Freund)

- Löse dich von diesen Rollen. Löse dich für einen Moment geistig von all deinen Verpflichtungen, Beziehungen, Sorgen und Terminen.
- Wiederhole nun im Geiste beim Einatmen „ich“ und beim Ausatmen „bin“. Bleibe dabei für einige Atemzüge oder solange du möchtest.
- Lasse nun vollständig los. Komm an im Gewahrsein deiner Existenz. Werde dir bewusst, dass du reines Bewusstsein bist. Bleibe in diesem Moment, solange du möchtest.
- Komme schließlich mit deinem Bewusstsein wieder zu deinen Körperempfindungen und deinem Atem.
- Öffne langsam deine Augen, wenn du dich bereit fühlst.

3. Trinke drei große Gläser lauwarmes Wasser mit einem Schuss Zitrone. Das hilft deinem Körper bei der Entgiftung.

4. Nimm dann ein gesundes und leicht bekömmliches Frühstück zu dir. In der Regel ist der Cortisolspiegel am Morgen hoch und der Blutzuckerspiegel niedrig. Das kann Angstgefühle begünstigen. Halte daher deinen Blutzuckerspiegel möglichst stabil. Gut geeignet für dein Frühstück sind zum Beispiel: Vollkornhaferflocken mit frischen Beeren, Walnüsse, Banane, Mandeljoghurt und ein leckerer Kräutertee.

5. Trage 5 Dinge in dein Dankbarkeitstagebuch ein, über die du froh bist.

6. Gönne dir eine entspannte Bewegungseinheit an der frischen Luft.

7. Beginne nun deinen Tag mit dem Ziel, jeden Tag die folgende Haltung immer mehr in dein Leben zu integrieren:

- Tu nichts, was dich schlecht fühlen lässt. Wenn nötig, lebe unkonventionell.
- Tu mehr Dinge, die dich sicher und entspannt fühlen lassen.
- Finde den Mittelweg, das heißt: Zwinge dich nicht, aber packe dich auch nicht in Watte.
- Dehne deine Grenzen sanft aus. Schlüpfe aus deinem Angstkokon, wenn es Zeit ist, zu fliegen.
- Plane in das Jahr (sowie Monat, Woche und Tag) die Dinge ein, die du erleben willst. Verfolge deine Ziele, Träume, Wünsche und Visionen. Mach jeden Tag kleine Schritte, aber auch Meilensteine (2-, 5-, 10- Jahresplan).
- Setz dich nicht unter Druck. Beobachte dich achtsam und liebevoll.
- Wenn du ängstlich bist, sei nicht böse mit dir selbst. Würdest du ein ängstliches, bereits weinendes Kind schlagen, um das zu bekommen, was du willst? Warum solltest du es dann mit dir tun?
- Rede liebevoll mit dir und deinem inneren Kind.
- Sei mutig und gehe den nächsten Schritt voller Vertrauen, dass das Universum dich liebt und für dich da ist.
- Es ist richtig und gut, Hilfe anzunehmen.
- Praktiziere Selbstliebe: Finde heraus, was sich für dich gut anfühlt. Was macht dich stark? In welchen Situationen fühlst du dich mutig und geliebt? Tu mehr davon. Wann fühlst du dich ängstlich, klein und schwach? Betrachte diese Situationen genauer.
- Finde heraus, was dir guttut. Führe eine Liste mit den Dingen, die du liebst und tu sie.

8. **Am Abend:** Bring dich in eine gute Stimmung. Schau etwas Lustiges oder Spirituelles. Triff dich mit Freunden. Lies ein erhebendes Buch. Erinnere dich an schöne Momente. Kuschel mit deinem Haustier. Unternimm einen Spaziergang. Betrachte den

Sonnenuntergang. Entspanne dich. Gönn dir eine Massage (Selbstmassage, Partnermassage, Massagekissen). Liebevolle Berührungen schütten das Bindungshormon Oxytocin aus. Das reduziert deinen Stresslevel

Das Geschenk der Meditation

Meditation heißt sinnende Betrachtung.

Dein Bewusstsein kann sich nur auf eine Sache gleichzeitig konzentrieren. Für gewöhnlich springt es rasend schnell von einem Gedanken zum nächsten, so wie die Affen von einem Ast zum nächsten springen. Der Ausdruck Monkey Mind (Affengeist) beschreibt diesen Vorgang.

Beim Meditieren lernst du, dich auf eine bestimmte Sache zu fokussieren. Dabei bist du nicht dein Geist, sondern der Lehrer, der dem Affen (Geist) beibringt, auf einem Ast (Gedanke) sitzen zu bleiben. Erst, wenn du es entscheidest, lässt du den Affen zum nächsten Ast springen.
Bei manchen Menschen ist der innere Affe von Natur aus eher langsam. Andere Affen sind schnell und so verrückt, als hätten sie sich 10 Tassen Kaffee mit einem Kilo Zucker einverleibt.

Was brauchen wir, um einen wilden Affen zu zähmen?

Wir werden bemerken, dass strenge Disziplin und Strafe nicht wirksam sind. Wenn du dich also unter Zwang und Schmerzen hinsetzt, dich selbst jedes Mal verurteilst und böse beschimpfst, sobald deine Gedanken herumtoben, tust du dir damit weh.

Behandle deinen Affen liebevoll. So baust du allmählich eine Bindung zu ihm auf und er wird dir freiwillig folgen. Das ist das Ziel der Meditation.

Wenn du mit der Meditation in der Praxis noch nicht vertraut bist, empfehle ich dir, den „Affenzirkus" erst einmal entspannt zu beobachten. Lehn dich zurück und genieß die Show.
Bei der Meditation betrachtest du deine Gedanken, **ohne dich mit ihnen zu identifizieren.** Mache dir bewusst, dass du weder der Affe noch der Ast bist. Du bist nur Zuschauer.

Beobachte dein scheues Äffchen. Lerne seine Gewohnheiten und Eigenarten kennen. Geh in Beziehung. Irgendwann wird er sich von dir berühren lassen. Verbinde dich. Du kannst ihn streicheln und füttern. Je mehr Zeit du mit deinem Äffchen verbringst, desto mehr werdet ihr die gemeinsame Zeit genießen. Er wird dir schließlich folgen, wohin auch immer du gehst.
Das bedeutet: Je mehr Zeit du im Raum der Meditation verbringst und zum Beobachter deines Affenzirkus wirst, desto vertrauter wird er dir.

Denke daran: Wie bei einem Besuch in einem Theater kannst du dich entspannt zurücklehnen. Denn du weißt, dass dir nichts passieren kann. Es wird lediglich ein Stück vorgeführt. Die Waffen sind nicht echt und können dir nichts anhaben.

Einfach Sein

Es ist egal, ob du diese Übung liegend, gehend, stehend oder sitzend machst. Entscheide dich für eine Meditationsform, die gerade jetzt für dich passend erscheint. Bei der Meditation gibt es kein richtig und falsch. Es geht darum, dich selbst kennenzulernen und herauszufinden, was deine Wahrheit ist. Was fühlt sich richtig an? Was falsch?

Wenn du etwas Neues lernst, nimmst du gleichzeitig die Rolle eines Lehrers ein. Sei liebevoll, gütig und geduldig mit dir selbst. Die Disziplin besteht darin, immer wieder sanft an den Ort deiner Beobachtung zurückzukommen.

Du kannst diese einfache und leichte Übung mehrmals am Tag machen. Immer, wenn du Lust darauf hast. Sie dient dazu, eine Bindung mit deinem Äffchen aufzubauen.
Finde heraus, was es mag, was es braucht, was es nicht mag. Das ist ein wundervoller Zeitvertreib. Du wirst gar nicht genug davon bekommen. :)

Beobachte einfach, was gerade jetzt im Moment in dir vorgeht.

Die folgenden Fragen können helfen. Sie sind aber kein Muss.

- Was siehst du?
- Was hörst du?
- Was spürst du?
- Wo in deinem Körper spürst du es?
- Welche Gedanken kommen?
- Welche Gefühle nimmst du wahr?

Stell dir am Ende der Übung immer die Frage:

Was brauche ich jetzt?

Das war schon alles. Wenn du weißt, was du brauchst, kannst du es dir erfüllen. Du musst es aber nicht. Es geht nicht darum, etwas zu tun. Es geht um den Prozess, dein Bewusstsein auszudehnen.

Das geschieht wie von selbst, indem du beobachtest und dir bewusstmachst, dass du beobachtest. So baust du eine Bindung auf zu dir selbst auf und lernst dich kennen. Das ist bereits die ganze Arbeit, die du zu tun hast: Beobachten.

Die Vorteile der Meditation:

Seit jeher wird die Meditation dafür verwendet, das Leid zu minimieren und Schwierigkeiten zu entschärfen. Das Ziel der Meditation ist es, sich von Verunreinigungen zu befreien.

Was sind Verunreinigungen? Damit sind Gedanken, Emotionen, Gefühle und Handlungen gemeint, die dir nicht guttun. Stell dir vor, du würdest dein Äffchen nur mit Keksen, Chips und Schokolade füttern. Du würdest niemals mit ihm hinaus gehen oder spielen. Stattdessen setzt du es vor den Fernseher und lässt es Ballerspiele zocken.

Schädliche Gedanken hindern dich daran, das freie und selbstbestimmte Leben zu führen, das du verdienst. Mithilfe der liebevollen Beobachtung, die du in der Meditation übst, findest du heraus, was dein Äffchen wirklich braucht. Wie von selbst reinigst du dich innerlich. Der Nebel verzieht sich. Im Laufe der Zeit siehst du klar.

Im Raum der Meditation erlebst du die Freiheit deines inneren Geschenks.

- Deine Konzentration erhöht sich.
- Der Körper und der Geist entspannen sich.
- Die Atmung wird ruhiger und tiefer.
- Du nimmst mehr Sauerstoff auf.
- Dein Stresslevel sinkt.
- Ein Gefühl von wohliger Leichtigkeit stellt sich ein.

Perfekt vorbereitet in die Meditation

Die folgenden Punkte dienen der Vorbereitung. Sie sind kein MUSS. Denk daran: Du bist der liebevolle, geduldige und gütige Lehrer. Dennoch möchtest du dein Gedankenäffchen besser kennenlernen.

Die folgenden Punkte sind Vorschläge, die sich in der Praxis als unterstützend und hilfreich erwiesen haben. Betrachte es als bunte Spielzeugkiste, mit deren Hilfe du die Zeit mit deinem Äffchen verschönern kannst.

Der Zeitpunkt:

Ein guter Zeitpunkt für die Meditation ist am frühen Morgen oder am Abend. Lege eine bestimmte Zeit fest, in der du regelmäßig meditierst. Disziplin ist hier alles. Es ist außerdem eine gute Idee, nach dem Yoga und Atemübungen zu meditieren, denn dann ist dein Körper entspannt, gedehnt und bestens auf die Meditationspraxis vorbereitet.

Die Dauer:

Beginne zunächst mit 5-Minuten und steigere dich langsam, bis du 20 oder gerne auch 30 Minuten meditierst. Meine Empfehlung ist: Starte während der ersten zwei Wochen mit 5 Minuten. Anschließend steigere dich auf 7 Minuten für die nächsten 2 Wochen; dann 2 Wochen 10 Minuten; dann 12, 15, 17, 20, 22, 25, 27, 30 Minuten.

Das Setting:

Übe regelmäßig zu einer festgelegten Zeit an einem ruhigen, ungestörten Ort, an dem du dich wohl fühlst. Der Raum sollte gut belüftet, aber nicht zugig sein, nicht zu warm und nicht zu kalt. Mach es dir bequem, aber nicht so bequem, dass du einschläfst. Gerne kannst du den Raum mit Kerzen und Räucherstäbchen, einer Buddha-Figur oder einem Om-Zeichen schmücken, um dich einzustimmen. Schließlich sollst du gerne an den Ort kommen. Mach es dir also gemütlich.

Die geistige Haltung:

Allmählich wirst du lernen, dich ganz zu entspannen. Lass los. Versuche die Kontrolle loszulassen. Erwarte nichts.

Die Kleidung:

Trage bequeme und lockere Kleidung, in der du dich wohl fühlst. Alles, was ablenken kann, sollte abgelegt werden (Uhren, Schmuck, Gürtel etc.) Hier gilt: Soviel wie nötig, so wenig wie möglich.

Die Körperhaltung:

Meditation kann im Liegen, Stehen, Gehen oder Sitzen praktiziert werden. Selbst bei alltäglichen Aufgaben (z. B. auf den Bus warten oder abwaschen) kannst du meditieren.

Die folgenden Anweisungen sind nur Vorschläge. Achte auf deinen Körper. Es sollten zu keinem Zeitpunkt Schmerzen auftreten. Sollte das der Fall sein, ändere die Position. Wenn du nach einiger Zeit beim

Sitzen eine Taubheit in den Beinen spürst, ist das normal. Mit der Zeit wird sich dein Körper an die regelmäßige Meditationspraxis gewöhnen.

Beine:

Wenn du es schaffst, setze dich in den vollen Lotussitz. Der halbe Lotussitz (rechter Fuß auf linkem Oberschenkel) oder Schneidersitz ist ebenfalls gut. Du kannst dich auch auf die Unterschenkel setzen. Die Knie sollten auf gleicher Höhe wie die Hüften sein. Wenn das nicht möglich ist, setze dich auf ein Kissen, um die Hüfte zu erhöhen.
Zwinge dich nicht in eine Position, wenn sie Schmerzen verursacht.
Du kannst auch auf einem Stuhl meditieren. Die Beine stehen dabei hüftbreit auseinander, die Knie sind über den Knöcheln, der Rücken ist gerade.

Oberkörper und Gesäß:

Hebe deine Brust ein wenig an, sodass dein Zwerchfell frei ist. Dadurch kann dein Atem frei fließen. Deine Schultern hängen entspannt herab. Entspanne deinen Bauch. Deine Wirbelsäule ist entspannt und leicht aufrecht. Lehne dich dafür nicht an, sondern sitze selbstständig. Das erhöht dein Selbstbewusstsein.

Hände:

Lege deine Hände mit nach oben gerichteten Handflächen sanft auf deine Oberschenkel. Dies ist eine offene und empfangende Haltung. Wenn du dich heute sehr aufgewühlt und durcheinander fühlst, richte die Handflächen nach unten. Alternativ kannst du auch deine Hände in den Schoß legen, wobei die eine Hand auf der anderen ruht.

Natürliche Atmung:

Atme durch die Nase ein und wieder aus. Dein Bauch ist entspannt.

Beim Einatmen dehnt er sich aus. Beim Ausatmen zieht er sich zusammen. Versuche nicht, deine Atmung zu kontrollieren oder zu manipulieren. Atme nicht besonders tief oder absichtlich in den Bauch hinein. Lasse deine Atmung so sein, wie sie ist. Beobachte sie und lerne sie kennen. Sie ist der Fluss des Lebens. Wenn du nervös, angespannt und aufgeregt bist, ist der Atem meist schnell und flach. Bist du hingegen entspannt, wird der Atem subtil und ruhig. Ein wohliger Seufzer ist tief und befreiend. Nimm also zunächst einmal alles genauso an, wie es ist.

Augen:

Du kannst deine Augen entweder geschlossen halten oder leicht öffnen. Dein Blick kann dabei in die Mitte der Stirn, in Richtung drittes Auge gehen. Das hilft dabei, eine innere Balance zu finden. Es sollte aber nicht zu verkrampft oder angestrengt sein.

3 erprobte Meditationen bei Angst und Panik

Im Folgenden möchte ich dir 3 wirksame Meditationstechniken vorstellen, die bei Angst und Panik hervorragend geeignet sind.

1. Entdecke den Zauber des Bewusstseins mit der Meditationstechnik **Ajapa Japa: Quelle der Lebendigkeit.**
2. Erlebe tiefe Heilung mit der Technik **Antar Mouna: Innere Stille.**
3. Eine erfrischende Erleichterung bietet die **einfache Meditation mit einem Meditationsobjekt:** Wenn der Kopf zu voll ist.

Ajapa Japa: Quelle der Lebendigkeit

Diese Technik eignet sich hervorragend für Anfänger der Meditation, weil sie sehr simpel ist.

Bei Ajapa Japa geht es um die reine Achtsamkeit. Damit erreichst du mit der Zeit eine tiefe und wohlige innere Ruhe und Ausgeglichenheit. Du kannst entweder ein Mantra wiederholen oder mit deiner Aufmerksamkeit deinen Atem verfolgen.

Gleichzeitig bist du dir deiner Gedanken bewusst.

Die Aufgabe hierbei ist es, deine Gedanken einfach zu beobachten, ohne darauf zu reagieren.

Wenn du möchtest, wiederhole das Mantra So Ham:

- „So“ bedeutet er. „Ham“ bedeutet ich.
- Das alte indische Wissen der Vedas (Weisheit) besagt, dass das Geräusch der Einatmung dem Laut „So“ gleicht und das Geräusch der Ausatmung dem Laut „Ham“.
- Die wörtliche Bedeutung von Soham lautet „Er ist ich“ oder „Ich bin das“.
- Es bedeutet, dass du nicht dein Körper und auch nicht deine Gedanken bist.
- Dieses Mantra hilft dir, dich von jeglicher Identifikation loszusagen, damit du dein unendliches, friedliches und liebevolles Wesen erkennst.

Vielleicht mag sich dein Geist beim Lesen dieser Worte dagegen sträuben. Möglicherweise kommen viele Fragen auf. Das ist okay.

Begib dich also in deine Meditationshaltung (wie oben beschrieben) und starte Ajapa Japa, indem du einfach nur mit dir selbst bist. Akzeptiere alles, was ist. Denke an die Wolken, die vorbeiziehen.

Nutze Ajapa Japan und das Mantra, um zu beobachten und zu sein. Du musst niemandem etwas beweisen. Lass dich einfach überraschen, was in dir aufsteigen und heilen mag.

Beachte, dass es sein kann, dass unangenehme Gedanken kommen. Nach deiner Meditationspraxis kann es hilfreich sein, das Erlebte aufzuschreiben. Oder vielleicht hast du auch den Impuls, ein Bild zu malen. Nimm alles an, was kommt. Dadurch erweiterst du deine Meditationspraxis.

Bedenke, dass Meditation nicht unbedingt bedeutet, mit geschlossenen Augen still dazusitzen.

Antar Mouna: Innere Stille

Antar Mouna kann im Sitzen oder Liegen praktiziert werden.

Es ist nicht geeignet, wenn du an Depressionen leidest. Wenn du Depressionen oder depressive Phasen hast, empfehle ich dir die Meditationstechnik Ajapa Japa. Antar Mouna kann zwar Depressionen heilen, allerdings ist es besser, mit sanfteren Methoden zu starten.

Vorbereitung:

Überlege dir im Vorfeld 3 Gedanken, die dich in letzter Zeit beschäftigen. Hier hast du jetzt die Möglichkeit, sie dir genauer anzusehen. Wenn du bereits regelmäßig ein Tagebuch führst, hast du eventuell bereits aufgeschrieben, was dich beschäftigt. Unter dem Punkt Journaling —> Gedankentagebuch ist genauer beschrieben, wie das funktioniert. Ansonsten nimm dir die Zeit und frage dich, welche 3 Gedanken dich stark bewegen.
Hinweis: Achte darauf, dass die Balance stimmt. Entscheide dich für einen Gedanken, der dir Sorgen macht, einen Gedanken, der eher neutral ist und einen, der dir Freude bereitet.
Je nach Stimmungslage kannst du dich auch für 3 Gedanken entscheiden, die dir Freude machen. Das ist empfehlenswert, wenn es dir seit längerer Zeit sehr schlecht geht.

Setze dich nun, wie oben beschrieben, in die Meditation.

Schritt 1: Achtsamkeit der 5 Sinne

Der Sinn des Schrittes besteht darin, dir bewusst zu werden, was sich im Moment in der Realität um dich herum abspielt. Verbleibe bei jedem deiner Sinne für einen Zeitraum von etwa 20 bis 30 Sekunden.

Beobachte zunächst, was du siehst.
Was riechst du?
Was schmeckst du?
Was hörst du? Beobachte zuerst die fernen Geräusche, dann die nahen.
Was fühlst du auf deiner Haut?

Schritt 2: Achtsamkeit deiner spontanen Gedanken

Beobachte nun deine spontan auftretenden Gedanken. Beobachte sie - wie Wolken, die am Himmel vorbeiziehen. Verurteile sie nicht und bewerte sie nicht. Lass sie einfach kommen und gehen.

Schritt 3: Tiefe Beobachtung der 3 Gedanken

Nimm dir dann 3 Gedanken vor, die du heute näher betrachten willst.
Beobachte einen nach dem anderen genauer.
Beginne mit dem ersten.
Fokussiere dich nur auf diesen einen Gedanken.
Denke daran, solange du kannst.
Nimm dir nach einiger Zeit den nächsten Gedanken vor usw.

Schritt 4: Tiefe Beobachtung von spontan auftretenden Gedanken

Lasse deine Gedanken nun wieder fließen.
Nimm den ersten Gedanken, der dir in den Sinn kommt und halte ihn fest.
Beobachte ihn genauer und solange du kannst, wie in Schritt 3.
Lass ihn wieder los und halte den nächsten Gedanken fest, der dir in den Sinn kommt.
Dieser Schritt ist äußerst hilfreich für deinen Geist.

Schritt 5: Schaffe einen inneren Raum

In diesem Schritt erlaubst du dir überhaupt keine Gedanken.
Spüre lediglich, was in dem inneren Raum geschieht. Vielleicht spürst du eine Vibration.
Richte die Aufmerksamkeit nach innen.

Wenn der Kopf zu voll ist: Meditation mit einem Objekt

Das Meditieren mit einem Objekt ist sehr beliebt und hervorragend geeignet, wenn die Gedanken toben. Meditiere mit einem Gegenstand, der deine Aufmerksamkeit ganz natürlich anzieht.

Beliebte Meditationsobjekte sind zum Beispiel:

- das OM-Zeichen
- eine Kerze
- ein Lagerfeuer
- ein Bild oder eine Figur des Buddha
- der eigene Schatten
- der Mond
- die auf- oder untergehende Sonne
- ein schwarzer Punkt
- das Meer
- die Wolken
- der Himmel
- ein Mandala
- eine Blume
- die Blume des Lebens
- Yantras (Symbole aus der Tradition des Hinduismus bzw. dem Tantra und sehr gut geeignete Meditationsobjekte)

Du findest am Ende des Buches einige Beispiele für Meditationsobjekte, die du verwenden kannst. Wenn du ein Meditationsobjekt gefunden hast, welches dir gefällt, dann geht es los.

- Bereite dich vor (wie oben beschrieben).
- Wenn du dich in der Meditationspose befindest, in der du dich wohl fühlst, richte deinen Blick auf dein Meditationsobjekt.
- Betrachte das Objekt für einige Zeit.
- Schließe dann die Augen.
- Versuche, dich an so viele Einzelheiten wie möglich zu erinnern.
- Öffne die Augen wieder und betrachte das Objekt.

Diese Praxis führt zu innerer Ruhe und Ausgeglichenheit.

Übe täglich zur selben Zeit. Dann wirst du allmählich eine Verbesserung deiner psychischen Verfassung feststellen können. Die Meditation wird dir helfen, eine Stabilität in deinem Leben zu erreichen. Du wirst eine innere Stärke entwickeln, die nach außen strahlt.

Achtsamkeitstraining mit MBSR und MBCT

Wenn wir uns Sorgen über die Zukunft oder Gedanken über die Vergangenheit machen, sind wir ausschließlich im Kopf. Achtsamkeit bringt dich zurück in die Gegenwart und weg von deinen Gedanken, die Ängste verursachen.

„MBSR“ (Mindfulness-Based Stress Reduction) bedeutet übersetzt „achtsamkeitsbasierte Stressreduktion“ und wurde Ende der 70er Jahre von Prof. Dr. Jon Kabat-Zinn an der Universität von Massachusetts entwickelt. „MBCT“ (Mindfulness-Based Cognitive Therapy) bedeutet „achtsamkeitsbasierte kognitive Therapie“.

Beide Programme sind sehr ähnlich und wurden in zahlreichen Studien positiv auf die Wirksamkeit bei Angststörungen und Depressionen getestet. Klinische Forschungsergebnisse[12] konnten zeigen, dass achtsamkeitsbasiertes Stressmanagement bei Angststörungen und Depressionen wirksam ist. Dabei gehen sowohl die körperlichen als auch die psychischen Symptome nachhaltig zurück. Der einzige Unterschied zwischen MBSR und MBCT ist, dass MBCT nur von anerkannten

---

12 Piet J. und Hougaard E., The effect of mindfulness-based cognitive therapy for prevention of relapse in recurrent major depressive disorder: a systematic review and meta-analysis. Website vonUS National Library of Medicine/ National Institutes of Health, https://www.ncbi.nlm.nih.gov/pubmed/21802618 und Stefan G. Hofmann Et. al, The Effect of Mindfulness-Based Therapy on Anxiety and Depression: A Meta-Analytic Review, in Webseite ebd., https://www.ncbi.nlm.nih.gov/pmc/articles/PMC2848393/

Psychotherapeuten durchgeführt werden darf, während das bei MBSR nicht zwingend notwendig ist.

Die Grundlagen der Achtsamkeit werden in beiden Kursen vermittelt. MBSR und MBCT sind 8-Wochen Programme, die mittlerweile an sämtlichen Orten stattfinden.

Die Teilnahme an einem solchen Kurs ist sehr empfehlenswert, da du hier die Grundlagen der Achtsamkeit lernst und gleichzeitig mit gleichgesinnten Menschen zusammenkommst. Eine solche Gruppe besteht in der Regel aus 8 bis 12 Teilnehmern und wird von einem in der Achtsamkeit geschulten Therapeut*innen, Trainer*innen oder Achtsamkeitslehrer*innen angeleitet. Die Sitzungen dauern normalerweise 2 bis 3 Stunden und werden durch Übungen, die zu Hause durchgeführt werden, ergänzt.

Achtsamkeitstraining hilft zum Beispiel bei:

- ADHS
- Angst
- Depressionen
- Chronischen Schmerzen
- Stress
- Müdigkeit
- Wut
- Kopfschmerzen
- Hohem Blutdruck
- Schlafproblemen

Bei starken depressiven Phasen kann MBSR kontraindikativ sein. In einem solchen Fall solltest du MBCT in Erwägung ziehen, da diese Methode ausschließlich nur von ausgebildeten Psychotherapeuten angeleitet werden darf.

Unabhängig von den Kursen kannst du den Zauber der Achtsamkeit natürlich jederzeit praktizieren.
Nutze die Praxis der liebevollen Achtsamkeit und verwandle die Angst. Eine achtsame, liebevolle Haltung führt immer zu Verständnis, Heilung und Mitgefühl. Sie vermehrt die Liebe zu dir selbst und somit die Liebe, die du in die Welt strahlst.

Achtsamkeit ist das wahrhaftige Erkennen der Vollkommenheit. Je mehr du übst, desto mehr wirst du deiner eigenen Vollkommenheit auf die Spur kommen. Löse dich von leidvollen Gedanken und komme an im Hier und Jetzt. Die folgenden drei Übungen sind hervorragend dafür geeignet.

Achtsamkeit der Sinne

Lenke deine Aufmerksamkeit nacheinander auf deine Sinne:

Auge: Sehen
Nase: Riechen
Ohr: Hören
Mund/ Zunge: Schmecken
Haut: Fühlen

1. **Auge:** Nimm dir einige Augenblicke Zeit und beobachte, was um dich herum geschieht. Was siehst du? Beobachte, ohne zu bewerten.
2. **Ohr:** Schließe deine Augen, wenn du magst. Was hörst du?
3. **Nase:** Lenke die Aufmerksamkeit nun auf deine Nase. Was riechst du?
4. **Mund:** Was schmeckst du?
5. **Haut:** Was spürst du? Fühle die Unterlage, auf der du sitzt, stehst oder liegst. Fühle die Kleidung oder den Wind auf deiner Haut.

Deine Strategie für den Alltag:

Wenn du an der Bushaltestelle, an der Ampel oder an der Kasse im Supermarkt wartest, führe eine Achtsamkeitsübung durch. Beobachte das, was ist, ohne zu bewerten. Was siehst du? Was hörst du? Was riechst du? Was schmeckst du? Was spürst du?

Achtsamkeit in der Natur

Achtsamkeitsübungen sind hervorragend geeignet, wenn du dich in der Natur befindest, zum Beispiel im Wald, am Meer, auf der Wiese …

Auge: Sauge den Anblick majestätischer Bäume in dich auf. Beobachte die Wellen des Meeres.
Ohr: Lausche dem Zwitschern der Vögel oder dem Rauschen der Wellen.
Nase: Rieche die frische Luft des Waldes. Genieße die salzige Meeresbrise.

Mund: Schmecke die salzige Meeresluft.
Haut: Gehe barfuß über weiches Moos oder feinsandigen Strand.

Deine Strategie für den Alltag:

- Nutze die Zeit in der Natur für Achtsamkeitsübungen.
- Einige Minuten reichen aus.
- Nimm dir Zeit für die Stille, wenn du in der Natur bist.

Achtsamkeit im Alltag - Kopfkino aus. Realität an

Richte deine Aufmerksamkeit auf ein beliebiges Objekt. Das kann eine Tasse, ein Fleck, ein Teller, eine Blumenvase oder Ähnliches sein. Das Objekt sollte möglichst neutral sein und dich nicht in Aufregung versetzen. Es sollte sich außerdem auf Augenhöhe befinden.

Lasse deine Augen nun auf diesem Objekt ruhen, ohne dich zu stark zu fokussieren oder mit deinem Blick abzuschweifen. Es kann sein, dass das Objekt dabei verschwimmt.
Atme zugleich sanft ein und wieder aus. Verändere deinen Atem dabei nicht, sondern atme einfach ganz natürlich weiter, wie bisher.

Möglicherweise steigen Gedanken auf. Lasse sie kommen und gehen wie Wolken, die am Himmel vorüberziehen.
Wenn du merkst, dass dein Bewusstsein abschweift, lenke es sanft wieder zurück zum Objekt: Was siehst du gerade? Was ist wirklich da?

Die inneren Gedanken und Bilder werden dann schwinden.

Sei gutmütig zu dir. Verurteile dich nicht, wenn dich deine Gedanken ablenken. Das ist normal und wird mit der Zeit besser. Kehre einfach immer wieder sanft zurück.

Am Ende der Übung löse dich von dem Objekt und blicke im Raum umher.

Die Kunst der Selbstliebe

Erleuchte die düsteren Ecken der Angst mit dem Licht der Liebe.

Um der Angst zu entfliehen, lenken wir uns oft mit Dingen ab, die wir nicht wirklich brauchen. Wir berauschen unsere Sinne oder geben uns dem Konsum von materiellen Gütern hin. Diese Dinge verschaffen uns zwar kurzfristig eine Erleichterung, aber das eigentliche Bedürfnis ist nicht befriedigt. Die innerlich erlebte Leere wächst umso mehr. Immer lauter wird ihr Ruf nach Heilung.

Die einzige Chance, Angst zu überwinden, ist, die Liebe zu vergrößern. Wenn du Angst hast ist es unbedingt notwendig, die Kunst der Selbstliebe zu praktizieren. Schenke dir selbst Mitgefühl, Vertrauen und Liebe.

Wir alle tragen Leid und Schmerz in uns. Nicht nur unser eigenes, sondern auch das vergangene Leid unserer Eltern, unseres Volkes und der Welt. Wenn wir unser eigenes Leid verstehen, begreifen wir auch das Leid der anderen. Indem wir achtsam und mitfühlend die Bedürfnisse erkennen, die sich hinter dem Leid verbergen, geben wir nicht nur uns selbst, sondern auch allen anderen das Geschenk der Heilung.

Wie die Lotusblüte aus dem Schlamm wächst und der Phönix aus Asche emporsteigt, so entsteht aus Leid die Freude. Leid ist nicht nutzlos. Es ist wie ein Dünger. Wir müssen einfach lernen, den Dünger des Leids weise einzusetzen. Dann werden die bunten Blumen Glück, Friede, Lebensfreude und Mitgefühl unseren Garten schmücken.

Lausche mit offenem Herzen und du wirst eine entlastende Erleichterung erfahren. Ob du nun dir selbst ein offenes, lauschendes Herz schenkst oder deinem Gegenüber. Beides ist gleichermaßen heilsam.

Es ist Zeit, dein inneres Geschenk auszupacken! Lass die Liebe sich frei entfalten.

Die liebevolle Kommunikation mit deinem inneren Kind

Wenn Kinder von anderen Kindern oder den Eltern beschimpft werden, dann glauben sie, das sei berechtigt. Sie glauben, es sei ihre Schuld. In der Folge geschieht es häufig, dass aus Angst das eigene Verhalten verändert wird, um Beschimpfungen zu vermeiden.

Die geheime Hoffnung besteht darin, den anderen durch die Verhaltensänderung besser zu gefallen. Allerdings erfolgt gleichzeitig eine Distanz zu den eigenen Bedürfnissen. Es entsteht sozusagen eine Entfremdung von der Person, die du wirklich bist.
Wenn wir uns anpassen, um anderen besser zu gefallen, dann verleugnen wir uns selbst. Selbstverleugnung ist das Gegenteil der Selbstliebe.

Beende deine negativen Selbstgespräche.

Wir entwickeln eine innere Stimme, die uns verurteilt.
Lasse deine innere Stimme nicht länger das Wunder unterdrücken, das du bist.
Gib dir selbst die Erlaubnis, zu wachsen, indem du negative Selbstgespräche beendest.

Nimm dir einen Spiegel und sieh dich an.
Versprich dir selbst, dass du immer deine beste Freundin sein wirst.

„Ich verspreche dir, dass ich dich nie wieder verlassen werde.
Ich verspreche dir, dass ich dich nie wieder im Stich lassen werde.
Auch, wenn andere Menschen dich ungerecht behandeln: Ich werde das nicht tun.
Auch, wenn andere Menschen böse Dinge zu dir sagen: Ich werde immer freundlich zu dir sein."

Selbstliebe Meditation

Nimm dir für diese Meditation mindestens 30 bis 60 Minuten Zeit. Sorge dafür, dass du ungestört bist und dich wohlfühlst. Zünde eine Kerze an und mach es dir gemütlich.

Beobachte zunächst deinen Atem.
Lasse ihn sanft durch dein Herz fließen.
Beobachte dich selbst, wie du jetzt mit geschlossenen Augen da sitzt oder liegst. Beobachte dich liebevoll. Lasse deinen Blick, beginnend bei deinen Füßen, hinauf gleiten bis zu deinem Kopf.

Wiederhole dabei mit jeder Ausatmung im Geiste die Worte: „Ich liebe dich“.
Gehe nun in der Zeit zurück. Sieh dich selbst als junge Erwachsene, als Jugendliche, als Kind, als Kleinkind, als Säugling.

Beobachte dich in einer Zeit, die schwer für dich war.
Kannst du auf deiner Reise einen Moment entdecken, der schmerzhaft war? Der sich unerträglich angefühlt hat? In dem du alleine warst und dich verlassen fühltest?
Beobachte diese Situation wie auf einer Leinwand im Kino, während du sicher auf deinem Platz sitzt. Kannst du noch andere Menschen auf der Leinwand sehen? Was beobachtest du?

Gehe dann zu deinem vergangenen Ich. Sieh ihm in die Augen und sage: „Ich liebe dich und ich werde immer für dich da sein. Auch, wenn es dir im Moment schlecht geht und du dich einsam und verlassen fühlst, ich bin für dich da. Ich werde immer für dich da sein.“

Jetzt umarme dieses Kind.

Sage deinen Vornamen und folgende mitfühlende Worte, während du dich selbst umarmst:

„Liebe (dein Name). Ich verspreche dir, dass ich dich diese ganze Reise hindurch lieben werde. Ich verspreche dir, dass ich dich durch all deine Traumata und Verletzungen hindurch begleiten und lieben werde.
Ich verspreche dir, dass ich dich niemals im Stich lassen werde.
Ich werde dich nicht verurteilen.
Ich werde dir nicht weh tun.
Ich werde dich nicht beurteilen.

Ich stehe dir immer bei.
Auch, wenn andere dich verletzen oder ungerecht behandeln:
Ich werde immer für dich da sein.“

Sag dir selbst all das, was du dir von anderen gewünscht hättest.
Frage nun dieses Kind, diese frühere Version deines Selbst, was es davon braucht.
Wenn du es weißt, verabschiede dich liebevoll und kehre ins Hier und Jetzt zurück. Spüre nach, wie es dir geht.
Richte deine Aufmerksamkeit wieder auf deinen Atem. Gibt es körperliche Empfindungen, die du gerade spürst? Was brauchst du jetzt?

Reibe am Ende deine Hände aneinander, bis sie warm werden und lege sie sanft auf deine Augen. Öffne die Augen. Komm wieder zurück ins Hier und Jetzt.

Entscheide dich für Dinge, die dein Herz erfreuen

Der rationale Verstand basiert auf erlernten Verhaltensmustern. Deine Intuition hingegen ist der Kompass des Herzens. Sie wird dir niemals eine angstbasierte Lösung anbieten, sondern immer eine liebevolle.

In dem Moment, wo du Angst empfindest, ist dein Verstand im Spiel und nicht die Intuition. Unterdrücke die Angst nicht, wenn sie kommt. Lasse sie zu. Dann geht sie von selbst. Indem du sie zulässt und erlaubst, da zu sein, zeigst du der Angst deine Liebe.

Übe täglich, Dinge zu tun, vor denen du Angst hast. Triff Entscheidungen zukünftig aus Liebe, aus einem inneren Drang der Lebendigkeit heraus. Keine Sorge, wenn das am Anfang noch nicht so gut klappt.

Je mehr du dich selbst liebst, desto mehr dehnt sich deine Energie aus, desto feiner wird deine Intuition. Plötzlich scheinen die Dinge zufällig zu geschehen. **Schreibe diese vermeintlichen Zufälle alle auf.** Das gibt dir Beweise, dass deine Intuition funktioniert.

Glaube der Liebe mehr als der Angst. Aus Gewohnheit vertrauen wir oftmals dem positiven Gefühl nicht so sehr wie dem Angstgefühl. Wenn du eine Entscheidung aus Liebe triffst, fühlst du dich beflügelt.

Beobachte an dir selbst, wie du dich fühlst, wenn du eine Entscheidung aus Liebe triffst. Und wie fühlst du dich, wenn du eine Entscheidung aus Angst triffst? Fallen dir Beispiele aus deiner Vergangenheit ein? Schreibe sie auf.

Die Angst, nicht genug zu sein

DU BIST GENUG, DU BIST OKAY, DU BIST PERFEKT

„Unsere tiefste Angst ist nicht, dass wir unzureichend sind. Unsere tiefste Angst ist, dass wir über alle Maßen mächtig sind. Es ist unser Licht, nicht unsere Dunkelheit, die uns am meisten Angst macht. Wir fragen uns: wie könnte ich brillant, hinreißend, talentiert und fabelhaft sein? Wer bist du eigentlich? Du bist ein Kind Gottes. Dich klein zu halten dient nicht der Welt. Es ist nichts Erleuchtetes daran, zu schrumpfen, damit sich andere Menschen um dich herum nicht verunsichert fühlen. Wir sind alle dazu bestimmt, zu glänzen, wie Kinder es tun. Wir wurden geboren, um die Herrlichkeit Gottes, die in uns ist, zu manifestieren. Es ist nicht nur in einigen von uns, es ist in jedem! Und wenn wir unser eigenes Licht leuchten lassen, geben wir unbewusst anderen die Erlaubnis, dasselbe zu tun. Da wir von unserer eigenen Angst befreit sind, befreit unsere Gegenwart automatisch andere." Marianne Williamson

Die Angst, nicht genug zu sein, ist eine der gravierendsten und häufigsten Ängste unserer Gesellschaft. Diese Angst liegt vielen Ängsten zugrunde (z. B. die Angst verlassen zu werden, die Angst zu versagen, die Angst nicht dazu zu gehören etc.).

Was auch immer die Ursache deiner Ängste sein mag: **Wichtig ist, was du heute tust.**
Kümmere dich um dein inneres, ängstliches Kind. Sprich liebevoll mit dir selbst.

Akzeptiere dich, wie du bist!
Verstehe dich selbst.
Sorge für dich selbst.

Liebe üben

Du möchtest nicht von außen verletzt werden. Das bedeutet, du willst keine Angriffe in Form von Schlägen oder gewaltvoller Kommunikation. Du erwartest von anderen, dass sie dich liebevoll und respektvoll behandeln.

Behandelst du dich selbst auch so? Beobachte dich im Umgang mit dir selbst.

Wie berührst du dich?
Wie kämmst du dir die Haare?
Wie trocknest du dich nach dem Duschen ab?
Wie cremst du dich ein?
Wie sprichst du mit dir?
Bist du geduldig mit dir selbst, wenn du neue Dinge lernst?

Wenn du dich selbst schlecht behandelst, wird dein Umfeld das höchstwahrscheinlich auch tun. Wenn du Respekt und Liebe erwartest, gib sie dir selbst.

Beantworte die folgenden Fragen:

Wie sollen andere Menschen mit dir umgehen?
(Dein Partner, deine Kinder, deine Familie, deine Freunde).

Schreibe alles auf, was dir wichtig ist.
Wie möchtest du von anderen behandelt werden?

Beginne von nun an, dich selbst so zu behandeln. Gib das, was du dir selbst wünschst, auch an andere weiter - an deine Kinder, deine Eltern, Freunde, Tiere oder im Zuge von ehrenamtlichen Tätigkeiten in sozialen Organisationen.

Übe Mitgefühl und liebevolles Verhalten. Schärfe deinen Blick für die inneren Schätze der Menschen, die dich umgeben. Dann werden sich auch deine eigenen inneren Schätze zeigen. So wächst die Liebe zu dir selbst Stück für Stück.

Stelle dir mehrmals täglich die Fragen:
Was brauche ich im Moment?
Wie kann ich mir selbst und anderen jetzt am besten dienen?

#Liebevolle Selbstmassage

Wenn wir Angst haben, verkrampft sich unser Körper oder Teile davon automatisch. Wir ziehen die Schultern hoch, der Nacken ist angespannt, selbst die Muskeln um die inneren Organe können sich verkrampfen. Bauchschmerzen und Verdauungsbeschwerden können die Folgen sein. Stress, Angst und Panik verursacht Verspannungen, die mit sanften Berührungen gelindert werden. Eine Methode zur Linderung von Ängsten ist beispielsweise die Deep Pressure Touch Stimulation (DPTS). Ähnlich wie bei einer Umarmung wird bei der Massage sanfter Druck auf den Körper ausgeübt. Dadurch bist du entspannt und beruhigst dich auf körperlicher und emotionaler Ebene.

Du kannst diese Methode bei dir selbst oder bei anderen anwenden.

Es gibt unterschiedliche Möglichkeiten, diese Art der Massage anzuwenden:

- Berühre sanft deinen Körper mit den Handflächen. Übe etwa 10 bis 20 Sekunden leichten Druck aus. Beginne bei den Füßen und ende am Kopf.
- Umarme dich selbst. Schlinge die Arme um deinen Oberkörper und übe leichten Druck aus. Umarme im Sitzen sanft deine Beine.
- Außerdem gibt es Decken mit Gewichten, die auch bei Schlafstörungen geeignet sind. Das Gewicht der Decke sollte etwa 10 % deines Körpergewichts ausmachen.

Oft bemerken wir unseren Körper nur, wenn etwas nicht stimmt, zum Beispiel bei Erkrankungen oder Schmerzen. Ändere das, indem du täglich dankbar für deinen Körper bist. Mit der Selbstmassage zeigst du ihm deine Liebe und Wertschätzung.

Durch die tägliche Selbstmassage linderst du nicht nur Spannungen und Ängste, du steigerst auch dein Selbstwertgefühl und deine Selbstliebe. Zeige dir selbst, dass du dich liebst, indem du dich jeden Tag liebevoll berührst.

Das sind deine Vorteile:

+ Du steigerst deine Selbstliebe und dadurch auch die Liebe zu anderen.
+ Ängste werden abgemildert, denn du kannst nicht gleichzeitig entspannt sein und Angst empfinden.

- Dein negatives Selbstbild wandelt sich zum Positiven
- steigert den Selbstwert, was dich nicht nur innerlich besser fühlen lässt. Man wird es dir auch ansehen. Belohne dich mit einem entspannten Gesichtsausdruck.

Wofür die Methode geeignet ist:

- bei Ängsten
- bei Panikattacken
- bei Stress
- bei einem unguten Selbstwertgefühl

Vorbereitung:

- Verwende für die Selbstmassage Sesam- oder Mandelöl.
- Massiere dich in einem warmen Raum.
- Wenn du magst, kannst du leise Musik einschalten und eine Duftkerze anzünden.
- Massiere dich langsam. Nimm dir etwa eine halbe Stunde Zeit.

Los geht´s!

- Beginne bei deinen Händen. Massiere sanft zwischen den Fingern und an den Sehnen.
- Geh weiter zu den Handgelenken.
- Massiere nun deine Arme und Schultern.
- Dann deinen Hals und Nacken sowie deinen Kopf.
- Dein Gesicht. Beginne mit der Stirn, Augenhöhlen, Nase, Wangen, Kinn und Ohren.

- Massiere deinen Oberkörper, Brust und Bauch in kreisenden Bewegungen.
- Massiere nun deine Oberschenkel, Knie und Unterschenkel. Du kannst dafür deine Hände und die Unterarme benutzen.
- Zum Schluss massierst du sanft deine Füße. Streiche behutsam zwischen den Sehnen entlang. Massiere die Zehen und die Fußsohle. Auch hierfür kannst du deine Hände und Unterarme verwenden.

Entdecke dich selbst und finde heraus, was sich gut anfühlt. Sei dankbar für deinen Körper. Bedanke dich bei den Körperstellen, die du gerade dafür massierst, dass sie dir dienen und für dich da sind.

SOS-Hilfen im Alltag

Manchmal braucht es eine Änderung der Haltung oder Perspektive, die oft nicht so schnell umsetzbar ist. Gelegentlich benötigst du aber sofort Hilfe, wenn die Wellen der Angst über dir hereinbrechen. **Hier findest du Soforthilfen und praktische Tipps**, die du bequem in deinen Alltag integrieren kannst.

Wenn die Angst dich überschwemmt

Wenn du eine oder mehrere der oben beschriebenen Symptome an dir wahrnimmst, kannst du folgende Erste-Hilfe-Maßnahmen durchführen:

+ **Geh mit deiner Aufmerksamkeit zu deiner Atmung.**
+ **Nimm deine Atmung wahr. Ist sie flach, schnell, rau?**
+ **Atme nun tief in deinem Bauch.**
+ **Atme vollständig wieder aus.**
+ **Konzentriere dich auf die kurzen Pausen, die nach der Ein- und Ausatmung entstehen.**

Indem du dich auf deinen Atem konzentrierst, lenkst du dich von angsteinflößenden Gedanken ab. Wenn du deinen Atem verlangsamst, beruhigt sich dein zentrales Nervensystem automatisch.

Durch die tiefe Bauchatmung beruhigt sich dein Körper und die Symptome verschwinden allmählich. Du gibst ihm dadurch das Signal, dass kein Grund zur Unruhe besteht.

Indem du eine tiefe Atmung praktizierst, wirst du dich also von allein beruhigen. Der Fokus liegt ganz bei deinem Atem. Du musst an nichts denken. Wenn Gedanken aufsteigen, lasse sie zu. Lasse sie kommen und wieder gehen, so wie auch dein Atem kommt und wieder geht.

Diese Atemübung ist hilfreich, wenn sie in akuten Situationen praktiziert wird. Sie kann aber auch als Begleitung im Alltag durchgeführt werden. Indem du jeden Tag 5 bis 10 Minuten diese tiefe Bauchatmung übst, gewöhnst du dich an den Ablauf. Dadurch fällt es dir leichter, diese Methode in akuten Situationen anzuwenden.

SOS-Hilfe bei Panikattacken

So erkennst du eine Panikattacke

In der Fachliteratur wird davon gesprochen, dass es sich dann um eine Panikattacke handelt, wenn 4 oder mehr der folgenden Symptome auftreten:

- Atemnot
- Enge in der Brust
- das Gefühl, du bist nicht du selbst
- das Gefühl zu ersticken
- das Gefühl, eiskalt zu werden
- das Gefühl, die Umgebung sei nicht real
- Angst, die Kontrolle zu verlieren
- starkes Herzklopfen bzw. eine extreme Wahrnehmung des Herzschlags
- Schmerzen
- Schwitzen
- Todesangst
- Zittern
- Übelkeit

Mögliche Ursachen eines sensiblen Nervensystems, welches Panikattacken begünstigt:

- Unregelmäßigkeit (unregelmäßiges Essen, Schlafen, Arbeiten, unregelmäßiger Tages- und Schlafrhythmus)
- ständige Anspannung ohne den Gegenpart der Entspannung (Dauerstress)
- Fernsehen löst innere Unruhe aus. Für das Gehirn gibt es keinen Unterschied, ob du etwas tatsächlich erlebst oder nicht. Alles was du siehst, erlebt dein Gehirn, als würde es wirklich geschehen. Hierzu zählen natürlich auch Streaming-Dienste und jegliche Art von Reizen über die sozialen Medien.
- Sorgen
- Zeitdruck
- Druck und Stress am Arbeitsplatz
- Unzufriedenheit im Berufsleben
- das Gefühl, alles alleine durchstehen zu müssen
- fehlende emotionale Geborgenheit

Die tieferliegende Ursache liegt in einer ständigen Anspannung des Nervensystems. Heutzutage sind das meist Zukunftsängste und die ständige Stimulation des Nervensystems durch unterschiedliche Reize. Diese können nicht ausreichend verarbeitet werden. Es ist, als würde dein Nervensystem ständig mit allen möglichen nährstoffreichen oder weniger nährstoffreichen Lebensmitteln gefüttert werden, ohne dass es jemals die Möglichkeit hätte, zu verdauen. Es kommt nicht mehr zur Ruhe.

Langfristige Strategien gegen Panikattacken

Die Lösung ist, eine Balance zu schaffen. Was brauchst du bei zu viel Druck und Anspannung? Loslassen und Entspannung. Integriere hierfür Entspannungstechniken in dein Leben. Setze dich nicht erneut unter Druck, indem du denkst, alles auf einmal umkrempeln zu müssen. Gehe behutsam einen Schritt nach dem anderen.

Nimm dir Zeit, deinen Akku wieder aufzuladen.

Bedenke, dass du auch den Akku deines Laptops oder Smartphones regelmäßig neu aufladen musst. Das scheint dir ganz natürlich. Genauso musst du deine eigenen Akkus wieder aufladen. Und zwar täglich. Sonst läufst du möglicherweise ständig auf Sparmodus.

So lädst du deinen Akku wieder auf:

- Gehe vor Mitternacht ins Bett.
- Schlafe ausreichend. Probiere aus, wie viel Schlaf dein Körper eigentlich braucht, indem du ohne Wecker aufwachst.
- Führe ein Schlafprotokoll. Wann bist du ins Bett gegangen? Wann ungefähr eingeschlafen und wann aufgewacht? Wie fühlst du dich? Hast du etwas geträumt? Welche Gedanken kommen in deinen Kopf?
- Gewöhne dir feste Zeiten an, um **mehr Regelmäßigkeit** in dein Leben zu bringen. Integriere Routinen, das vermittelt ein Gefühl der Sicherheit. Es gibt dir die innere Ruhe, die dich vor den Angriffen des Alltags immun macht.
- Achte daher auf regelmäßige Zeiten für: Essen, Schlafen, Arbeiten, Bewegung, Entspannung, Meditation und Freizeit.
- Sei liebevoll zu dir selbst.
- Nimm dir Zeit für den Genuss.
- Integriere kleinere Atem- und Dehnübungen in deinen Alltag. Strecke dich zum Beispiel zwischendurch öfter.

Wenn du jetzt denkst, du hättest dafür keine Zeit: Beobachte deinen Tagesablauf. An welchen Stellen machst du die Dinge, die deine Angst und Panik verstärken? Wann verbringst du zum Beispiel deine wertvolle Zeit mit Energiefressern wie Social Media und TV? Wie viel Zeit würdest du einsparen, wenn du das nicht mehr tust? Oder nur noch alle 2 Tage bzw. am Wochenende?

Verbringe die eingesparte Zeit stattdessen mit Energiespendern, die deine Akkus wieder aufladen. Zugegeben, das erfordert möglicherweise am Anfang etwas Planung. Aber es lohnt sich.

Soforthilfe bei Hyperventilieren

Bei einer Panikattacke beschleunigt sich deine Atmung. Wenn du hyperventilierst, atme in eine Papier- oder Plastiktüte. Wenn du keine Tüte zur Hand hast, atme in den Ärmel deiner Jacke oder deines Pullovers.

Bereits bei den ersten Anzeichen einer Panikattacke kannst du folgende Schritte durchführen:

- Setze dich hin, lehne dich an oder umschlinge deinen Oberkörper mit den Armen.
- Halte deinen Atem für 5 Sekunden an. Atme dann durch den Mund aus. Halte den Atem erneut für etwa 5 Sekunden.
- Atme nun langsam durch die Nase wieder ein. Zähle dabei bis 3. Dann wieder aus. Zähle bis 5.
- Atme vollständig aus. Mache zwischen Ein- und Ausatmung eine kleine Pause. Beobachte den Anfang und das Ende jeder Atmung.

- Wiederhole bei jeder Ausatmung: Entspann dich. Bleib ganz ruhig. Alles ist gut. Du bist in Sicherheit.

Soforthilfe bei Erstarren

Wenn du das Gefühl hast, dich bei einer Panikattacke nicht mehr bewegen zu können, **richte zunächst die Aufmerksamkeit auf deine Atmung.**

Verfolge deinen Atem auf dem Weg durch deinen Körper. Achte auf das Gefühl, wie der Atem deine Nasenspitze berührt, wie er sich am Gaumen und im Rachen anfühlt. Beobachte, wie er tiefer fließt und deine Lungen füllt. Verfolge ihn, wenn er wieder aus deinem Körper strömt. Beobachte den Unterschied der Temperatur, wenn der Atem ein- und wieder ausströmt.
Wenn du dies einige Zeit getan hast, bewege deine Hände. Streiche mit den Händen sanft über deinen Kopf, Hals und Nacken. Massiere mit leichtem Druck deine Schläfen, Hände und Füße.

Richte nun wieder die Aufmerksamkeit auf deinen Atem. Atme in den Bauch hinein. Atme mehr aus als ein. Beginne, deinen Atem sanft zu verlangsamen.

Duftöl als Soforthilfe bei Panikattacken

Die Nase ist mit unserem Reptiliengehirn verbunden. Ein Duft, den du mit entspannenden Momenten verbindest, kann daher Wunder wirken und dich im Falle einer Panikattacke beruhigen.

Eine hilfreiche Strategie ist: Mische während deinem täglichen Entspannungsritual (Selbstmassage, Yoga etc.) deinem Massageöl einen Duft bei.
Entscheide dich für einen Duft, den du als angenehm empfindest. Gut geeignet sind zum Beispiel Lavendel oder Sandelholz, da diese eine natürlich entspannende Wirkung haben. Bleibe immer bei dem gleichen Duft.

Wenn du eine Panikattacke hast, rieche daran. Es ist daher empfehlenswert, immer ein kleines Fläschchen dabei zu haben. Bereits die Berührung des Fläschchens kann eine beruhigende Wirkung zeigen.
Das Geheimnis liegt in der Verknüpfung, die dein Gehirn zu dem Duft und der Form des Fläschchens herstellt. Je öfter du den Duft im entspannten Zustand wahrgenommen oder die Form durch Berührung erkundet hast, desto besser funktioniert es bei einer akuten Panikattacke.

Im Zustand einer Panikattacke kannst du nicht mehr klar denken. Du kannst nur noch auf die Dinge zurückgreifen, die du schon viele Male geübt hast. Das nennt man Handlungsmuster. Dein Körper greift auf diese bekannten und bewährten Muster zurück. Alle Energie wird schließlich für das Überleben benötigt. Man hat keine Zeit, um nachzudenken.

Daher ist die tägliche Massage mit einem duftenden und hautfreundlichen Öl (Sesam oder Mandel) sehr gut geeignet, denn dadurch wird dein Körper dein Zuhause. Die entspannte Berührung senkt den Anspannungslevel, sodass die Wahrscheinlichkeit einer Panikattacke ohnehin sinkt. Solltest du dennoch eine Panikattacke bekommen, kannst du die bewährten Mittel einsetzen (Duft, Berührung des Körpers). Dein Körper und dein Atem werden zu einem sicheren Ort.

Eine weitere Hilfe vor oder während einer Panikattacke ist die Massage deiner Ohren mit sanftem Druck. Die Welle mag gerade über dir brechen, aber das geht wieder vorbei. Du beobachtest. Du bist sicher. Deine Atmung wird sich so entweder von alleine beruhigen oder du hilfst ein wenig nach, indem du dich auf sie fokussierst (wie oben beschrieben).

Die Klopfmethode

Die Klopfmethode wird zum Beispiel vom Qi Gong Meister und Heiler Robert Peng verwendet. Die hier vorgestellte Methode ist eine leicht abgewandelte Form und integriert Erkenntnisse aus der Akupressur. Sie hilft dir, bewusst Spannungen loszulassen und zurück in den gegenwärtigen Moment zu kommen.

Die Übung ist für akute Situationen geeignet, wie zum Beispiel Panikattacken und starke Angstschübe.

Sie kann auch zur Vorbereitung für die Meditation verwendet werden, bevor du einen Vortrag halten oder konzentriert arbeiten möchtest.

Übung: Anfang

Ordne deine Angst zunächst auf einer Skala von 1 bis 10 ein.
(1 = nahezu keine Angst; 10 = Todesangst)

Atme nun drei Mal ganz tief in den Bauch ein und wieder aus. Beginne dann mit der Klopftechnik. Hierfür klopfst du leicht mit den Fingern (Zeige, Mittel- und Ringfinder, wahlweise zusätzlich den kleinen Finger). Die Hand und das Handgelenk sind dabei locker. Klopfe in einem Takt von zwei Mal pro Sekunde (weil das die Frequenz der Deltawellen aktiviert und dadurch zusätzlich für Entspannung sorgt).

Klopfe die folgenden Punkte 12 Mal ab:

+ Beginne auf dem Scheitel deines Kopfes
+ zwischen den Augenbrauen
+ in der Mitte deiner Brust im Bereich des Solarplexus
+ und etwa 3 Finger unter deinem Bauchnabel

Während du diese 4 Hauptpunkte abklopfst, stell dir vor, deine Wirbelsäule wäre eine Röhre. Diese Röhre beginnt über dem Scheitelpunkt deines Kopfes, verläuft durch die Wirbelsäule und ragt wie eine Wurzel in den Erdboden. Stell dir bei jeder Einatmung vor, wie du durch diese Röhre die unendliche, lebensspendende Energie des Universums einatmest. Diese Energie fließt durch dich hindurch, aktiviert deine Energiezentren und fließt in die Erde. Hierbei werden alle Blockaden und Verunreinigungen ins Erdreich abgegeben und gereinigt. Atme nun vollständig wieder aus. Wiederhole diese Visualisierung bei jeder Ein- und Ausatmung während der gesamten Übung.

Gib zusätzlich bei jeder Ausatmung den Ton „OM“ von dir. Die leichte Vibration dieses Tons löst zusätzlich innere Spannungen.

Mache dann eine kleine Pause. Spüre in dich hinein. Wie stark ist deine

Angst jetzt auf einer Skala von 1 bis 10?
Wiederhole die Übung solange, bis du ein für dich angenehmes Maß erreicht hast.

Wahlweise kannst du die Übung um weitere Klopfpunkte erweitern. Klopfe hierfür in folgender Reihenfolge, während du, wie oben beschrieben, atmest und den Ton „OM“ zur Entspannung nutzt:

+ Scheitelpunkt des Kopfes
+ zwischen den Augenbrauen
+ Solarplexus
+ drei Finger unter dem Bauchnabel

sowie

+ an der Seite deiner Hand (der Bereich zwischen dem kleinen Finger und Handgelenk), beide Hände im Wechsel
+ an den Schläfen
+ unter den Augen
+ unter der Nase
+ unter der Unterlippe
+ auf deiner äußeren Handfläche zwischen den Sehnen von kleinem Finger und Ringfinger, beide Hände im Wechsel.

Während du diese Punkte klopfst, bewege deine Augen alle drei Schläge zunächst ganz nach unten, ganz nach oben, nach rechts, nach links und anschließend von links unten nach rechts oben sowie von rechts unten nach links oben. Rolle dann mit den Augen ganz langsam 3 Mal im Uhrzeigersinn und anschließend 3 Mal in die andere Richtung.

Beende die Übung, indem du die Hauptklopfpunkte ein letztes Mal abklopfst (Scheitelpunkt des Kopfes, zwischen den Augenbrauen, Solarplexus, unter dem Bauchnabel).
Beobachte nun mit geschlossenen Augen deine Atmung. Lass alles los. Beobachte einfach, was ist.

Wie geht es dir jetzt auf einer Skala von 1 bis 10?

SOS-Hilfen bei Prüfungsangst, Lampenfieber und Schlafstörungen

Führe vor Prüfungen und Reden eine der folgenden Atemübungen durch. 10 bis 15 Minuten genügen, um dich zu entspannen und dein zentrales Nervensystem zu beruhigen. Alle vorgestellten Atemübungen aktivieren dein parasympathisches Nervensystem und wirken somit beruhigend. Daher können sie auch zum Beispiel als **Hilfe zum Einschlafen** genutzt werden.

Viele der hier vorgestellten Atemübungen sind yogische Techniken, deren Wirksamkeit seit Jahrtausenden erfolgreich angewendet werden und mittlerweile auch mehrfach wissenschaftlich erprobt sind. Nicht umsonst haben sich diese Techniken bis heute durchgesetzt.

1. Herzatmung

Stell dir vor, wie dein Atem durch dein Herz fließt. Bei jeder Einatmung strömt liebevolle universelle Energie in dich hinein und verteilt sich durch dein Herz im gesamten Körper.

Mit jeder Ausatmung lässt du Sorgen und Ängste los.
Bleibe während der ganzen Zeit mit deiner Aufmerksamkeit bei der Visualisierung dieser beiden Bilder.

2. Bhramari Pranayama - Summende Bienen-Atmung

Diese Atemtechnik wirkt beruhigend und baut Stress ab.
Pranayama bedeutet so viel wie die „Erweiterung oder Ausdehnung der Lebenskraft“.[13]

Weitere Vorteile:

+ baut Angstzustände ab
+ verringert Ärger und Wut
+ hilft bei zu hohem Blutdruck
+ ist wirksam bei Halsschmerzen

Führe sie möglichst täglich vor dem Schlafengehen durch. Das hilft

13 Prana = Lebenskraft, Lebensenergie. Yama = Ausdehnung, Erweiterung

nicht nur beim Einschlafen, sondern auch langfristig bei der Entspannung deines zentralen Nervensystems.

Achtung: Führe diese Übung nicht durch, wenn du an einer Ohreninfektion leidest.

1. Schließe deine Augen.
2. Schließe mit deinen beiden Daumen die Ohren.
3. Lege deine Finger sanft auf dein Gesicht (kleine Finger unter der Unterlippe, Ringfinger über der Oberlippe, Mittelfinder auf dem Nasenrücken, Zeigefinger auf den Augen).
4. Atme nun tief in den Bauch ein.
5. Mit der Ausatmung lässt du ein Summen ertönen.
6. Deine Aufmerksamkeit ist dabei in der Mitte deines Kopfes (Sitz der Zirbeldrüse).
7. Wiederhole diese Übung für 10 Atemzüge. Du kannst die Dauer bis zu 15 Minuten verlängern.

3. Nadi Shuddhi Pranayama

Diese Atemtechnik wirkt ausgleichend und beruhigend.

Vorbereitung:

1. Atme durch die Nase ein.
2. Schließe mit dem rechten Daumen sanft dein rechtes Nasenloch.
3. Atme vollständig durch dein linkes Nasenloch aus.

Start:

4. Atme durch das linke Nasenloch ein.
5. Dann schließe das linke Nasenloch sanft mit dem Ringfinger.
6. Atme durch das rechte Nasenloch vollständig aus.
7. Atme nun wieder durch das rechte Nasenloch ein.
8. Schließe das rechte Nasenloch mit dem Daumen.
9. Atme durch das linke Nasenloch wieder aus.

Wiederhole die Schritte 4 bis 9 insgesamt 9 Mal.

4. Kriya Atmung (Reinigung der Chakras)

Es wird empfohlen, diese Atemtechnik täglich für mindestens 10 Minuten durchzuführen. Du kannst sie auch in einer verkürzten Version anwenden, wenn du dich unsicher fühlst und Beruhigung benötigst. Hierfür genügen in der Regel 12 tiefe Atemzüge.

- Begib dich in eine aufrechte Sitzhaltung.
- Stell dir vor, deine Wirbelsäule wäre eine hohle Röhre.
- Bei der Einatmung fließt deine Atmung durch diese Röhre.
- Bei der Ausatmung fließt sie wieder hinaus.
- Verfolge die Bewegung der Luft, der Lebensenergie bei jeder Ein- und Ausatmung.
- Stell dir vor, wie die reinigende Energie die Energiezentren in deiner Wirbelsäule aktiviert.

- Spüre, wie du durch jeden Atemzug mit Energie erfüllt und von allen Blockaden gereinigt wirst.

5. Tiefe Bauchatmung

Die tiefe Bauchatmung hat eine beruhigende und entspannende Wirkung. Sie kann im Liegen, Stehen oder im Sitzen durchgeführt werden.

1. Atme tief durch die Nase ein.
2. Lasse deinen Bauch dabei ganz rund werden - wie ein aufgeblasener Luftballon.
3. Lasse die Luft dann wieder sanft durch die Nase entweichen.
4. Wiederhole die drei Schritte für 5 bis 10 Runden.

Hinweis: Während der Bauchatmung bewegt sich nur dein Bauch. Die Brust bleibt ruhig. Die Schultern sind entspannt.

So gelingt die Umsetzung im Alltag

„Achte auf deine Gedanken, denn sie werden zu deinen Taten. Achte auf deine Taten, denn sie werden zu deinen Gewohnheiten. Achte auf deine Gewohnheiten, denn sie werden zu deinem Charakter. Achte auf deinen Charakter, denn er wird zu deinem Schicksal."

Charles Reade (1814–1884)

Mehr als 90 Prozent unseres Alltags werden von unseren Gewohnheiten bestimmt. Das liegt daran, dass vieles, was wir tun, unterbewusst abläuft. Der bewusste Verstand macht nur einen Anteil von 5 Prozent aus. Also ist es äußerst wichtig, mit welcher Art von Gewohnheiten du deinen Tag verbringst.

Vielleicht hast du es dir zur Gewohnheit gemacht, Situationen zu vermeiden, vor denen du Angst hast. Vermeidung verstärkt allerdings die Angst und schränkt dich in deiner Freiheit ein.

Welche deiner alltäglichen Gewohnheiten verstärken die Angst?

- Gibt es Situationen, die du im Alltag vermeidest?
- Was würdest du gerne tun, aber die Angst hindert dich daran?
- In welchen Situationen benutzt du die Ausrede „Ich habe keine Lust", obwohl du eigentlich ein ungutes Gefühl im Bauch hast?

Angst transformieren in 6 Schritten

1. Identifiziere deine Angst (siehe Übung: Erkenne die Angst).

2. Analysiere die Angst (siehe auch Übung: Angst erleben). Beantworte hierfür folgende Fragen: Welche Angst ist es? Wo kommt sie her? Ist es meine eigene Angst? Von wem könnte ich diese Angst erlernt haben? Wer in meinem Umfeld hat ähnliche Ängste?

3. Richte deine Aufmerksamkeit nun auf dich selbst. Beobachte dich. Nimm die Empfindungen in deinem Körper wahr. Wo sitzt die Angst? Wie fühlt es sich an? Welche Bilder steigen auf? Atme in diesen Körperteil. Frage gerne immer wieder, was du jetzt brauchst.

4. Gehe nun in die Angst hinein und frage sie: Wie lautet deine Botschaft? Was willst du mir sagen? Was brauchst du? Welches Bedürfnis ist im Moment nicht erfüllt?

5. Intervention: Was kann ich tun? Was ist der nächste Schritt? Wie kann ich mir dieses Bedürfnis erfüllen?

6. Loslassen: Botschaft der Angst verstanden? Bedürfnis erfüllt? Kann ich loslassen? Manchmal löst sich die Angst schon nach dem fünften Schritt ganz von selbst auf.

Easy starten und mit Mini-Gewohnheiten durchhalten

„Nicht das Beginnen wird belohnt, sondern das Durchhalten!“

Katharina von Siena (1347 – 1380)

Kennst du das?

Du nimmst dir ganz fest vor, ab morgen jeden Tag eine halbe Stunde joggen zu gehen oder einen anderen Sport zu treiben. Weil es ja gesund ist und du etwas Gutes für dich und deinen Körper tun möchtest.
Also ziehst du dir am nächsten Morgen fröhlich und gut gelaunt deine Laufschuhe an und sprintest los. Auch am darauffolgenden Morgen beginnst du deinen Tag mit einer entspannten Runde durch den Park. Du fühlst dich fantastisch und könntest Bäume ausreißen.

Nach dem vierten Tag grummelst du bei dem Gedanken, jetzt gleich deine Laufschuhe anziehen zu müssen, schon vor dich hin. Und spätestens am sechsten Tag fällt die Laufsession „ausnahmsweise“ einmal aus. Nach zwei Wochen hast du das ganze Vorhaben beiseitegelegt und beschließt, ab und zu mal zu joggen, wenn du Lust dazu hast.

Wenn dir das bekannt vorkommt, dann geht es dir wie vielen Menschen, denn die Motivation am Anfang eines neuen Vorhabens nimmt mit der Zeit immer mehr ab. Alte Gewohnheiten schleichen sich zurück in deinen Alltag und ehe du dich versiehst, bist du wieder im alten Trott.

Wissenschaftliche Studien aus der Glücksforschung konnten belegen, dass die sogenannten Mini-Gewohnheiten einen entscheidenden Unterschied machen können.

In der Praxis bedeutet das: Mach lieber heute **kleine Schritte,** anstatt gleich den ganzen Marathon durchziehen zu wollen. Geh nur 5 Minuten laufen und integriere zwischendurch immer mal wieder kleine Lauf-Einheiten. Die Zeit ist schließlich egal. Und mit dem Trick der Mini-Gewohnheiten gewöhnst du dich ans Laufen.

Bei der Angst ist das genauso. Integriere die Methoden, die hier vorgestellt werden (wie Yoga, Meditation, Schlafgewohnheiten, Schweigen, Ernährung etc.) Schritt für Schritt in deinen Alltag. Mach dir dabei keinen Stress. Meditiere lieber jeden Morgen für zwei Minuten, anstatt dich eine halbe Stunde im Lotussitz abzuquälen.

Setze dich nicht selbst unter Druck, lass es aber auch nicht schleifen. Finde auch hier den goldenen Mittelweg.

Übung: Mini-Gewohnheiten in deinen Alltag integrieren

Erstelle dir jetzt einen Plan, wann du welche der hier vorgestellten Methoden in deinen Alltag integrierst und für wie lange.

Beginne mit kleinen Schritten.

Implementation Intention

Mit sogenannten „Wenn-Dann-Plänen“ (Implementation Intention = Absicht der Umsetzung) steigerst du die Wahrscheinlichkeit, dass die hier vorgestellten Maßnahmen funktionieren, um 43 %.[14]
Dies hat eine Studie von Varley, Webb und Sheeran ergeben. Der Titel der Studie trug den Namen „Making self help more helpful“ („Selbsthilfe hilfreicher machen“) und wurde 2011 im Journal of Consulting and Clinical Psychology veröffentlicht.

An der Studie nahmen 262 Probanden teil. Alle litten an einem breiten Spektrum von Ängsten, die als behandlungsbedürftig eingestuft wurden. Ein Teil der Probanden wurde mittels Broschüren über die Ängste informiert. Außerdem enthielten die Broschüren Anleitungen mit erprobten Methoden, mit deren Hilfe Ängste überwunden werden können.
Der andere Teil der Probanden erhielt die Broschüre mit denselben Informationen und Methoden. Zusätzlich waren jedoch konkrete Pläne enthalten, die bei der Umsetzung unterstützen.

Das überraschende Ergebnis: Bei der Testgruppe A (nur Broschüre mit Infos) war eine 4%ige Verbesserung der Angstsymptome zu verzeichnen. Bei der Testgruppe B (Broschüre mit konkreten Plänen) gingen die Symptome um 43 % zurück.

Nutze diese Erkenntnis und erstelle jetzt einen konkreten Plan. Am Ende des Buches findest du eine Tabelle. Dort kannst du deinen genauen Plan festlegen, wie und wann du die einzelnen Methoden in deinem Alltag umsetzen wirst.

---

14 Varley, Webb und Sheeran, Making self help more helpful, Journal of Consulting and Clinical Psychology 79(01), 121

TIPP: Erstelle eine Liste mit möglichen angstauslösenden Situationen. Wahlweise kannst du auch die nachfolgende Tabelle zur Hilfe nehmen.

Implementation Intention Tabelle

Beschreibe und identifiziere die Angst	Ursache / Bedürfnis
(Form, Farbe, Körperstelle, Gefühl, Emotion, Gedanken etc.)	(Was könnte dahinterliegen? Was brauchst du?)

Auslösende Situation	Intervention
(Was hast du gedacht? Wem bist du begegnet, als die Angst auftrat? Beschreibe die Situation.)	(Welche Methode, Hilfsmaßnahme probierst du aus, wenn die Angst kommt?)

Formuliere anhand der Daten aus der Tabelle deine Absicht der Umsetzung (Implementation Intention):

Wenn ich (Angst, Schwierigkeit, Situation), **dann** tue ich (Intervention, Übung, Methode).

Beispiele:

- Wenn ich abends ins Bett gehe, dann übe ich die Gute-Nacht-Meditation.
- Wenn ich nicht einschlafen kann, dann mache ich für 5 Minuten die Summende Bienen-Atmung.
- Wenn ich eine Prüfung habe, dann entspanne ich mich vorher mit der tiefen Bauchatmung.
- Wenn ich morgens aufstehe, dann gönne ich mir ein gesundes Frühstück.

Schlusswort

Ich hoffe, du konntest während unserer gemeinsamen Reise Angsti etwas besser kennenlernen. Wir haben viele Werkzeuge entdeckt, mit deren Hilfe du die Wagenladung voller Mist in deinen Garten schaufeln kannst. Bitte bleib dran! Ich möchte unzählige blühende Gärten sehen, wenn ich das nächste Mal spazieren gehe.

Sicher wird es immer Angst, Stress, Hürden und Hindernisse geben. Genauso, wie es immer Zwischenfälle, Unfälle, Katastrophen und ungeplante Ereignisse geben wird, die wir nicht oder nicht direkt kontrollieren können. Das soll auch gar nicht das Ziel sein.
Wenn du deine Angst kontrollieren willst, indem du sie ablehnst oder unterdrückst, dann wirst du niemals die vollständige Freiheit erleben. Das Gefühl der Freiheit stellt sich erst mit einer gewissen Gelassenheit ein.
Diese Gelassenheit erlangst du unter anderem dadurch, indem du erkennst, dass du nicht das Opfer der Umstände bist. Die Welt birgt Gefahren und Hindernisse. Allerdings bist du ihnen nicht bedingungslos ausgeliefert.

Die Art und Weise, wie du das Leben siehst, ist Teil deines persönlichen Heilungsprozesses. Jedes Mal, wenn du einen Teil deines Selbst heilst, gesundet auch ein Stück weit das große Ganze.

Sieh Hindernisse also als deine persönliche Herausforderung und als Möglichkeit an, um zu wachsen; als Chance, Dinge besser zu machen. Wenn wir unsere Perspektive ändern, dann ändert sich unsere Welt.

Bitte vergiss niemals, dass du bereits jetzt vollkommen bist. Du bist eine reich gefüllte Schatzkammer. Vielleicht ist der Schatz tief im Schatten deines Unterbewusstseins verborgen. Suche nicht länger draußen vor der Tür nach der Vollkommenheit, sondern tief in dir. Nimm eine Taschenlampe und steige hinab.

Ich wünsche dir viel Freude beim Üben und Entdecken!

Hier ist noch ein kleines Geschenk von mir.
Wiederhole den folgenden Satz jeden Tag. Schreibe ihn auf und hänge den Zettel an einen Ort, an dem du dein neues Mantra jeden Tag siehst.

Ich habe keine Lust mehr, der Angst die Kontrolle über mein Leben zu überlassen. Ich entscheide mich heute, hier und jetzt für die Freiheit. Ab jetzt übernehme ich die Verantwortung für mein Leben selbst.

Alle Übungen und Fragen auf einen Blick

Hinweis:

Probiere alle hier vorgestellten Übungen und Methoden aus. Mache dir Notizen in dein Tagebuch, welche Methode dir in welcher Situation am besten geholfen hat.

Übung	Vorteile	Seite
Kenne deinen Feind	Einleitende Fragen zur Einstimmung und Sensibilisierung	23
Öffne deinen Tresor	Die Angst vor der Angst verlieren, Angst annehmen.	39
Erlernte Angst	Bewusstsein erhöhen, der Umgang mit erlernter Angst, Erlernte Angst erkennen	42
Die wichtigste Bezugsperson	Bewusstsein erhöhen, von erlernter Angst befreien	46
Beobachten ohne Bewertung	Abstand und Leichtigkeit zur Angst gewinnen, Klarheit	58
Zeit, den Kokon zu verlassen	Angst loslassen, Bewusstsein erweitern	62
Angst erleben	Das Wesen der Angst verstehen	63
Keine Chance dem Grübelmonster	Praktische Tipps gegen Grübeln im Alltag	75
Das hilft, wenn das Grübelmonster dir den Schlaf raubt	Besser einschlafen	80
Keine Angst vor Zukunftsangsti	Zukunftsangst verstehen und damit umgehen	82

Zukunftsangsti umstimmen	Perspektive ändern und Zukunftsangst lindern	83
Finde deine Lebensaufgabe	Höheren Sinn finden gegen Zukunftsangst	86
Tabelle: Was macht dir Freude?	Fokus ändern mit deiner Liste der Freude	89
So stellst du die richtigen Fragen	Zukunftsangst lindern mit Fragetechnik	92
So gehst du mit Blockaden um	Umgang mit Blockaden	93
Was wäre wenn?	Blockaden lösen	94
Schöne Momente sammeln	Fokus ändern, Zukunftsangst lindern	94
Kleine Träumerei gefällig?	Vision, Zukunftsangst lindern	95
9 goldenen Regeln für einen erfüllten Tag	Tipps für den Alltag, Angstgefühle langfristig/ präventiv lindern	100
Schlafen wie Dornröschen	Selbstberuhigung, Einschlafhilfen	100
„Schlaf schön“ Meditation	Den Tag abschließen, Ankommen im Moment	102
„Guten Morgen“ Meditation	Die Nacht abschließen, Ankommen im Moment	104
Achtsamkeit gegen Stress im Alltag	Beruhigung im Alltag	106
Loslassen üben	Befreiung	110
Befreie dich von belastenden Dingen	Befreiung, Sorgen loslassen	110
Angstvolle Gedanken loslassen	Angst und Sorgenvolle Gedanken reduzieren	111
Raum der Stille	Wahrnehmung, Entspannung	112
Achtsam unter Menschen	Achtsamkeit, Selbstwahrnehmung, Selbstbewusstsein, Abgrenzung	115
Der Zauber des Anfangs	Grenzen erweitern	115

Schreib's dir von der Seele	Tagebuch (Dankbarkeitstagebuch., Erfolgstagebuch. Erkenntnistagebuch Traumtagebuch. Auskotztagebuch) für Reflexion, Bewusstsein erweitern	116
Aktiviere deinen Vagusnerv	Entspannung, Stress reduzieren	118
Power Morgenmeditation	Angstfrei und voller Energie den Tag beginnen	120
Einfach sein	Achtsamkeitsmeditation	127
3 erprobte Meditationen bei Angst und Panik	Siehe die nächsten drei Zeilen …	132
Ajapa Japa: Quelle der Energie / Quelle der Lebendigkeit	Spezielle Angst Meditation	133
Meditationstechnik Antar Mouna: Innere Stille	Spezielle Angst Meditation	135
Meditation mit einem Objekt	Spezielle Angst Meditation für Menschen, denen es schwer fällt, zu visualisieren	137
Achtsamkeit der Sinne	Achtsamkeit, Selbstwahrnehmung	141
Achtsamkeit in der Natur	Achtsamkeit, Selbstwahrnehmung	142
Achtsamkeit im Alltag - Kopfkino aus. Realität an	Achtsamkeit, Selbstwahrnehmung	143
Selbstliebe Meditation	Selbstliebe, Selbstwertgefühl	147
Liebe üben	Selbstliebe	152
Liebevolle Selbstmassage	Entspannung, Selbstliebe, Körperwahrnehmung	153
SOS-Hilfen im Alltag	Siehe die nächsten Zeilen …	157
Wenn die Angst dich überschwemmt	Notfallhilfe bei Angst und Panik im Alltag	157
Langfristige Strategien gegen Panikattacken	Akkus wieder aufladen, neue Energie tanken	160

Fragen, um die Angst besser kennenzulernen

- Welches Bedürfnis liegt hinter der Angst?

- Was brauche ich im Moment?
- Was will dir deine Angst sagen?

Angst aus einer neuen Perspektive sehen

- Was kannst du tun, damit deine Angst nicht schlimmer wird?
- Was könnte im schlimmsten Fall passieren?
- Wie wahrscheinlich ist es, dass dieses Szenario eintrifft?
- Was ist das Positive an der Situation?
- Welche positive, nützliche Seite hat es, wenn meine Sorgen sich bestätigen?
- Welchen Nutzen hat mein derzeitiges Problem?
- Inwiefern könnte diese Situation gerade perfekt sein?
- Bei Erfahrungen aus der Vergangenheit: Gab es einen nützlichen Anteil an diesem Erlebnis? Habe ich dadurch etwas Wertvolles gelernt? Bin ich dadurch jemandem begegnet, den ich sonst vermutlich nicht getroffen hätte?
- Ist das wirklich die ganze Wahrheit?
- Welche positiven Aspekte gibt es an dem Problem?
- Wie wahrscheinlich ist es, dass diese Sorge eintritt?

Fragen zur persönlichen Entfaltung

- Welche Angst hindert mich im Moment an meiner freien Entfaltung?
- Was würde ich tun, wenn diese Angst nicht da wäre?
- Was bringt mich näher in Richtung Freiheit?
- Was brauche ich, damit ich diese Angst loslassen kann?
- Welchen ersten, kleinen Schritt kann ich heute gehen?
- Welcher erste Schritt ist etwas weniger angsteinflößend?

- Fühlt sich das liebevoll an?
- Wenn ich das schaffe, wie werde ich mich danach fühlen?
- Wie förderlich sind meine Überzeugungen für meine persönliche Weiterentwicklung?
- Was fühle ich bei einem bestimmten Glauben?
- Ist die Angst, die ich gerade erlebe, förderlich oder nicht?
- Grenzt sie mich ein?
- Oder hilft sie mir?
- Wie wäre es mit einer Zukunft, in der plötzlich all deine Träume und Wünsche wahr sind?
- Was sind überhaupt deine Träume und Wünsche?
- Was würdest du tun, wenn es in der Zukunft keine Angst gäbe?
- Was ist deine Vision?
- Wo willst du hinreisen?
- Wen willst du noch treffen?
- Was willst du unbedingt noch tun?
- Was willst du erschaffen?

Grübelmonster-Fragen

- Uhrzeit: Wann kommt das Grübelmonster am liebsten vorbei?
- Auslöser: Was ist der Anlass, zu dem es sich besonders eingeladen fühlt?
- Reaktion: Was genau tust du, wenn das Grübelmonster erscheint? Woran denkst du? Welche Gefühle steigen auf?

Achtsamkeit

- Was siehst du?
- Was hörst du?

- Was spürst du?
- Wo in deinem Körper spürst du es?
- Welche Gedanken kommen?
- Welche Gefühle nimmst du wahr?

Vertrauen und Selbstliebe

- Was brauche ich, um voller Vertrauen durch das Leben zu gehen?
- Wie kann ich es schaffen, diese Angst zu überwinden?
- Was kann ich heute tun, damit es mir bessergeht?
- Welche Unterstützung brauche ich dafür?
- Was kann ich jetzt im Moment tun, um ...?
- Welchen kleinen Minischritt kann ich jetzt gehen, damit ...?
- Wann in der Vergangenheit hat das schon funktioniert, wovor ich jetzt Angst habe?
- Gibt es andere Menschen, die das erreicht haben, was ich mir wünsche? Welche Menschen sind das? Wie haben sie es geschafft?
- Könnte ich das auch mal versuchen?
- Wo könnte ich mir Unterstützung holen?
- Welches Bedürfnis steckt hinter dem Gefühl, was ich gerade habe?
- Wie oder womit kann ich mich heute glücklich machen?
- Was sind meine Erwartungen an andere Menschen?
- Wie sollen mich andere behandeln?
- Behandelst du dich selbst auch so?
- Wie berührst du dich?
- Wie kämmst du dir die Haare?
- Wie trocknest du dich nach dem Duschen ab?
- Wie cremst du dich ein?
- Wie sprichst du mit dir?
- Bist du geduldig mit dir selbst, wenn du neue Dinge lernst?

- Was brauchst du jetzt?
- Was brauchst du am Morgen?
- Was brauchst du am Abend?
- Was brauchst du in der Zwischenzeit?
- Wie kannst du es schaffen, mehr von den freudvollen Dingen in dein Leben zu holen?
- Ist es wirklich notwendig, weiterhin alle negativen und schädlichen Tätigkeiten zu tun?
- Falls ja: Was könnten nützliche Aspekte der „negativen" Tätigkeiten sein?

Abgrenzung und Gemeinschaft

- Wie geht es dir im Moment mit dieser Situation? (zum Beispiel, wenn jemand etwas von dir erwartet)
- Kannst du dich zeigen, wie du wirklich bist?
- Hast du das Gefühl, dich öffnen zu können?
- Gibst du dir selbst die Erlaubnis, du zu sein?
- Gibt es Situationen, in denen du dich nach einem bestimmten Kontakt unwohl oder ausgelaugt fühlst?
- Wer war in deinem Leben die wichtigste Bezugsperson?
- Welche Ängste hatte dieser Mensch?
- Kannst du dich an Verhaltensweisen in bestimmten Situationen erinnern?
- Wie waren die Meinungen über das Leben oder in Bezug auf andere Menschen?
- Was ist ein typischer Satz dieses Menschen, der dir in Erinnerung ist?
- Welche Angst hindert dich im Moment am meisten an einem glücklichen und erfüllten Leben?
- Wie steht die wichtige Person in deinem Leben zu dieser Angst?

Quellenangaben

Allione, T. (2009)
Den Dämonen Nahrung geben.
Buddhistische Techniken zur Konfliktlösung.
5. Auflage, Arkana München, Verlagsgruppe Random House

Brahm, A. (2009): Die Kuh, die weinte.
Buddhistische Geschichten über den Weg zum Glück.
5. Auflage, Lotos Verlag München

Debour S. Wieviel wiegt eine Schneeflocke?
Website der University of Happiness,
https://universityofhappiness.de/wieviel-wiegt-eine-schneeflocke/

Harlow, Harry F. (1958): The Nature of Love
University of Wisconsin
An internet resource developed by Christopher D. Green, York University, Toronto, Ontario
http://psychclassics.yorku.ca/Harlow/love.htm

Wi.Pö., Waisenkinderversuche.
Website des Magazins Spektrum Akademischer Verlag, Heidelberg, Copyright 2000
https://www.spektrum.de/lexikon/psychologie/waisenkinderversuche/16645

Keller, A. und Kollegen (2011)
Does the Perception that Stress Affects Health Matter?

Published in final edited form as:
Health Psychol. 2012 Sep; 31(5): 677–684.
Published online 2011 Dec 26.
https://www.ncbi.nlm.nih.gov/pmc/articles/PMC3374921/

Olsson, Andreas (Columbia-Universität, New York) et al.: Social Cognitive and Affective Neuroscience, DOI 10.1093/scan/nsm005 ddp/wissenschaft.de Ulrich Dewald, https://www.wissenschaft.de/umwelt-natur/erlernte-angst-ist-wie-wirkliche-angst/

Renggli, F. (2001): Der Ursprung der Angst.
Antike Mythen und das Trauma der Geburt.
Patmos

Saint-Exupéry, A. (2010): Der Kleine Prinz.
18. Auflage, Karl Rauch Verlag Düsseldorf

Therapeut*innen in deiner Nähe:
https://www.therapeutenfinder.com

Impressum

1. Auflage
Herausgeber: Winterhain
ISBN: 978-3-9821965-0-3

Yvonne George wird vertreten durch:

Maik Winter
Bürgerstraße 22
01127 Dresden
E-Mail: sommerma@gmx.de

Covergestaltung und Satz: Wolkenart - Marie-Katharina Wölk,
www.wolkenart.com

Coverillustration: Anna-Charlotte Lörzer

Printed in Poland
by Amazon Fulfillment
Poland Sp. z o.o., Wrocław

67666110R00115